KB203974

이 책을 읽은 기독교 지도자들은 얼굴이 화끈거릴 만큼 부끄러울 것이다. 세속사회에서도 바르고 고운 말을 강조하는데, 경건을 바탕에 둔 예배에서는 물론이고 성화를 지향하는 공동체에서 사용하는 말과 글은 더 말할 나위가 없다. '예'(禮)가 정신과 사회적 지배력이 최고의 위치에 있는 성인이나 제작할 수 있는 것이라는 말은 그만큼의 권위가 뒷받침되어야만 의미 있는 시행이 될 수 있다는 뜻이다. 한국교회는 그동안 신앙과 성장을 위한 열정만큼 체계의 정체성과 관계 사이의 합리성과 적실성 그리고 시의성(時宜性)을 지니는 표현에 대한 전문적 연구가 부족했고, 그에 대한 교육과 훈련이 모자랐다. 그 결과 예배에서 순전한 몰입이 어려웠고 교제에서 원활한 소통이 불가했다. 이런 차에 등에 역할을 자처한 이 교수에게 격려와 협력을 표한다.

곽신환 | 숭실대학교 철학과 명예교수, 벧엘교회 장로

우리가 무심코 사용하는 언어 속에는 우리의 생각과 경험 그리고 지향이 담겨 있다. 언어는 일단 생각을 담아내는 기호이지만 모든 언어 속에는 그 시대의 통념이라는 무늬가 깃들어 있다. 언어는 버름한 사람들의 관계를 이어주는 다리가 되기도 하지만 친밀했던 사람들을 갈라놓는 예리한 칼날이 되기도 한다. 교회 안에서 사용되는 언어라고 하여 다를 바 없다. 어느 순간 종교적 언어는 상투어로 변했다. 아무런 사건도 일으키지 않는다는 말이다. 말이 회복되어야 생각이 가지런해진다. 이복규 교수가 애정을 담아 펴내는 이 책이 한국교회 변화를 위한 하나의 디딤돌이 되었으면 좋겠다. "언어는 존재의 집"이라고 하지 않던가.

김기석 | 청파교회 담임목사

교회는 사랑과 진리와 믿음의 언어가 샘솟는 곳이다. 세상은 미움, 거짓, 불신의 언어가 넘치는 곳이다. 교회의 언어로 세상의 언어를 변화시켜야 하는데 세상의 언어가 교회로 들어오면 분열이 생긴다. 하나님 말씀인 성경은 정확무오(正確無誤)하건만 인간의 언어는 불완전하기 때문이다. 그런 점에서 기독교의 구원은 인간 영혼과 육신의 구원이자 타락한 언어생활의 구원이다. 그런데 예배, 기도, 설교, 기타 교회 생활의 언어에서조차 오류가 많다니 부끄러운 일이다. 준비 찬송, 사회자, 대예배 등 문제 많은 표현이 무수한데 이복규 교수님의 이 책을 읽으면 반성하게 될 것이다. 이 책이 목회자로부터 교회학교 어린이에 이르기까지 성도의 언어생활을 일깨우고 믿음을 세우는 데 크게 이바지하리라 믿는다.

민현식 | 서울대학교 국어교육과 명예교수, 전 국립국어원장, 새문안교회 장로

예배는 하나님을 향한 모든 경배 의식이다. 예배를 드릴 때 행해지는 설교, 찬양, 기도, 집례 등 하나하나가 예배의 일부이다. 흔히들 "예배를 돕는 성가대"라는 표현을 쓰곤 하는데, 이것은 마치 설교만 중요하고 성가대의 찬양은 부속품인 듯 잘못 느껴지게 하는 표현이다. 이처럼 저자는 말과 글이 교회 생활에서 좀 더 올바로 사용되었으면 하는 애정 어린 마음을 이 책에 담았다. 이복규 장로의 오랜 신앙생활의 경험이 묻어나는 책인 것은 물론이다.

이관규 | 고려대학교 국어교육과 교수, 동광교회 장로

이복규 교수의 『교회에서 쓰는 말 바로잡기』를 읽으며 두 가지 사실로 인해서 나의 입꼬리가 올랐다. 하나는 시간 가는 줄 모를 정도로 내용이 흥미로웠다는 사실이고, 다른 하나는 평생 담임목사로 살았던 나에게 해당하는 문제도 제법 많다는 사실이다. "언어는 존재의 집이다"라는 하이데거의 경구에서 보듯이 교회 공동체에 속한 이들의 말은 단순히 신앙적인 의사소통의 도구로 끝나는 게 아니라 신앙의 본질을 담는 그릇이니까 보석을 연마하듯이 최대한 갈고 닦는 게 좋다. 이런 일에 책임을 느끼는 이들에게 이 책은 큰 도움을 줄 것이다.

정용섭 | 대구 샘터교회 담임목사, 대구 성서 아카데미 원장

배움에는 고통과 기쁨이 함께 있다고 생각한다. 내가 모르는 것을 배우기 위해 시간과 노력을 쏟고 지적을 받아야 하는 고통이 있는가 하면, 모르던 것을 알게 되는 큰 기쁨을 누리게 된다. 이복규 교수의 이 책이 바로 그런 점을 잘 지적해주고 있다. 특히 기독교인의 공동체인 교회에서 '바른 생활'을 할 수 있도록 모든 분야의 언어 지침서를 만들어주셨다는 데 감탄하며 모든 기독교인이 꼭 읽어보아야 할 책으로 적극 추천한다.

정흥호 | 아세아연합신학대학교 총장, 목사

교회에서 쓰는 말 바로잡기

찬송가를 부르심으로
시작하겠습니다

집사님들 주관으로 예배드립니다

교회에서 쓰는 말 바로잡기

사랑하시는 하나님

묵도하심으로
예배 시작합니다

예수님 이름 받들어
기도합니다

기도로 폐회합니다

준비 찬송합니다

설교말씀이
계시겠습니다

미처 간구하지 못한 것까지

하나님 아버지시여

예배를 돕는 성가대

특송 들으면서
헌금하시겠습니다

다 찾으신 줄 믿고

예배 시종일관을 주관해주시길 바랍니다

우리를 대신해서
기도해주시겠습니다

저희 교회에서는

지금은 예배를 시작하는 시간이오니

이복규 지음

작은 정성으로
드린 헌금

새물결플러스

머리말

경우에 합당한 말은 아로새긴 은 쟁반에 금 사과니라(잠 25:11).

우리말과 글에 민감하게 반응하며 살다 보니 어느새 정년이 코앞입니다. 식자우환이라는 말처럼, 세상에 나가서든 교회에서든 우리말 어법에 어긋난 표현을 만나기만 하면 냉가슴을 앓곤 합니다. 그런 마음을 내 이야기시집에서 이렇게 표현했습니다.

틀린 글자만 보여요
틀린 발음만 들려요
무슨 좋은 약 없나요?
-이복규, "직업병" 전문

정말 그렇습니다. 근 30년간 틈틈이 그 틀린 글자와 발음들을 적어왔습니다. 기도를 듣다가, 설교를 듣다가, 거슬리는 대목이 보이고 들릴 적마다 메모했습니다. 그 분량이 상당해, 우선 인터넷에 카페를 개설하여 올렸습니다. 하지만 인터넷 카페를 이용하지 않는 분들을 위해서는 책도 필요하겠기에 내용을 정리해서 이렇게 단행본으로 펴냅니다. 예배 용어, 기도 용어, 설교 용어, 예식 용어, 찬송가·복음송 용어, 기타 교회 용어의 순서로 실었습니다. 부록에는 교회에서 글 쓰고 말하는 데 필요할 만한 자료들을 몇 가지 수록했습니다.

교회 용어 또는 교회 언어를 다룬 책들은 이미 여러 권 나와 있습니다. 그런데 왜 또 책을 내느냐, 이 책만의 특색이 무엇이냐고 묻는다면 세 가지로 답하겠습니다.

첫째, 교회에서 쓰는 말(교회 용어)에 대해 일찍부터 관심을 가져온 사람으로서 보탤 것이 있어서입니다. 아직도 교회에는, 학교 국어 시간에 배우는 우리 어법이나 문법에 어긋나는 표현이 많습니다. 말씀으로 계시하시는 하나님께서 우리 민족에게는 한국어로 당신을 계시하시니, 교회에서 쓰는 말과 글을 아주 정확하게 써야 진리를 드러낼 수 있을 뿐더러, 제대로 하나님을 경배할 수도 있고 성도 간의 교제도 이룰 수 있습니다. 사람이 책을 만들고 책은 사람을 만들 듯, 말도 그렇습니다. 사람이 하는 말이지만 그 말은 사람을 변화시키는 힘이 있으므로, 부적절한 표현들이 무엇인지 제시하며 바로잡았습니다.

둘째, 이 책에서는 찬송가, 사도신경, 주기도문을 거론할 때 개정된 것을 대상으로 해 현실화했습니다. 성경은 개역개정판 본문을 대상으로 하되, 필요할 때는 새번역 성경의 본문도 소개하였습니다.

셋째, 도움이 될 만한 자료 몇 가지를 부록으로 실었습니다. 한국어의 특징, 글쓰기의 중요성과 비결, 글쓰기의 절차와 과정, 기독교 각종 예식 예문이 그것입니다. 한국어는 영어를 비롯한 외국어와 다른 말인데, 그 점을 제대로 모르고 있는 것만 같아, 그간 밝혀진 사실을 정리하였습니다. 글쓰기에 관한 글은 필자가 써서 다른 교재에 수록했거나 글쓰기 특강을 위해 마련한 원고를 다듬어 실었습니다. 맨 끝의 기독교 예식 예문은 목회자 분들만 가지고 활용하는 것인데, 여기 실어 모두 참고할 수 있게 했습니다.

이 책의 내용이 신학적으로 적절한지 검토해 주신 밥죤스신학교 추연수 목사님께 감사드립니다. 체제와 우리말 표현에 관해서는 교원대학교 명예교수 최운식 은사님, 공주교육대학교 명예교수 최명환 선생님, 교육수필가 최연선 선생님이 검토해 주셨습니다. 이 책을 쓰는 데 최태영 선생님, 정장복 선생님의 저서를 비롯해 여러 자료의 도움을 받았으나, 특별한 경우가 아니면 참고문헌에 모아서 밝혔습니다.

이 책을 내는 저의 간절한 바람은, 신학교에서 '교회에서 쓰는 말과 글'에 관심을 가져줬으면 하는 것입니다. 영국에서 유학하신 민경배 목사님의 전언에 따르면, 그곳에서는 신학생들에게 학기마다 말의 정확한 사용법을 가르친다고 합니다. 또한 복음송 가사의 아쉬운 부분도 해소해나가야 합니다. 가사 창작자들이 국립국어원이나 우리말 연구자 및 신학 전공자의 검증 과정을 거쳐 노래를 발표했으면 합니다.

5년 전, 『교회에서 쓰는 말과 글, 이렇게』라는 제목으로 냈던 책의 초판이 절판되어 아쉬웠던 차에, 새물결플러스 김요한 대표님의 호의로 내용을 전면 수정·보완해 다시 출판하니 기쁩니다. 글쓰기도 다루었지만, 글도 말에 포함되므로 『교회에서 쓰는 말 바로잡기』라는 새 제목으로 냅니다. 오직 사명감 하나로 출판 사역을 감당하고 있는 새물결플러스에 주님의 은총이 충만하기를 기도합니다.

2020년 10월 21일
서경대 연구실에서
이복규

차례

II 기도할 때 쓰는 말

III 설교할 때 쓰는 말

Ⅳ 예식에서 쓰는 말

Ⅴ 찬송·복음송에서 쓰는 말

VI 기타 교회에서 쓰는 말

교회에서 쓰는 말 바로잡기

예배 진행할 때 쓰는 말

1. 준비 찬송 합시다

예배를 진행하는 사람들이 흔히들 "예배 전에 준비 찬송 하자"라는 표현을 합니다. 하지만 '준비 찬송'이라는 표현은 좋지 못합니다.

찬송은 항상 그 자체로 하나님께 영광을 올려드리는 행위여야 합니다. 말 그대로 하나님을 찬미하는 데 목적을 둬야지 다른 어떤 것을 위한 수단으로 삼아서는 곤란합니다. 수영하기 전에 몸을 푸는 준비운동을 하듯, 찬송을 그렇게 준비용으로 부를 수는 없습니다.

"찬송이나 부릅시다"라는 말도 종종 듣는데, 이것도 좋지 못한 표현입니다. 할 일이 없어 시간이나 때우기 위해 찬송을 부르자는 것으로 들려, 하나님께 매우 죄송한 말입니다.

'준비 찬송' 대신 '예배 전 찬송'이라는 표현을 쓰는 것이 좋습니다. 아니면 그냥 "찬송하시겠습니다"라고 할 일입니다.

"준비 찬송 합시다."→"예배 전 찬송하시겠습니다", "찬송하시겠습니다."

2. 기원과 기도

예배의 첫 순서로 나오는 '기원'은 기도와 다릅니다. 기원은 인간의 간구가 전혀 없이, 오직 허물 많은 우리를 정결하게 하시어 하나님께서 영광 받으시는 예배가 되게 해달라고 아주 짧게 아뢰는 것입니다.

기원은 예배 선언 후의 '예배로 부름'에 이어서 하는 것이 일반적입니다. 어떤 경우에는 '예배로 부름'으로써 기원까지 대체하기도 합니다. '예배로 부름'은 우리를 초청하고 부르시는 하나님의 메시지를 담은 성구를 읽는 것이므로 하나님께서 회중을 향하여 주시는 말씀이어야 하기에, 반드시 적절한 성경 말씀으로 진행합니다. 그러고 나서 기원을 합니다.

'예배로 부름' 순서 다음에 반주자나 찬양대의 아주 짤막한 응답송이 있은 후 기원을 하는 것이 가장 좋습니다.

3. 사회자

'사회자'는 집회나 회의, 예식 등에서 진행을 맡은 사람을 지칭하는 말입니다. 교회에서도 각종 회의를 주관하는 사람은 사회자라 할 수 있습니다.

그러나 하나님을 예배하는 자리에서 그 일을 주관하는 사람을 사회자라고 부르는 것은 적절치 않습니다. 예배는 회의나 일반적인 예식과 다르기 때문입니다. '집례자'라는 표현이 좋습니다. 예식을 집행한다는 뜻이므로 교회의 예배 용어로 쓰기에 적합합니다.

다만 집례자라는 말이 좀 전문적인 느낌을 주는 용어이니, 신자가 인도할 때는 '인도자'로 부르는 것이 좋습니다.

4. 집사님들 주관으로 예배드립니다

집사 주관으로 드리는 예배에서 인도하는 집사가 예배를 시작하며 '집사님들 주관으로 드리는 예배'라고 하는 경우가 있습니다. 다른 기관이 주관하는 경우에도 마찬가지입니다.

우리 언어 예절에 비추어 이런 표현은 부적절합니다. 자신도 집사이니 '집사님들'이라고 하면 스스로를 높이는 셈이 되기 때문이지요.

"집사 주관으로 드리는 예배입니다"

이렇게 표현해야 옳습니다.

5. 묵도하심으로 예배 시작합니다

'묵도'라는 표현은 느헤미야 2:4에 등장합니다. '묵상기도'는 천주교의 용어고, '묵도'는 개신교의 용어입니다. 묵도는 '묵상'과 '기도'를 합친 말이 아닙니다. '묵도'와 '묵상기도'는 서로 다릅니다. 성경적 용어는 '묵도'입니다.

개신교에서는 '묵도하다'를 '소리 내지 않고 기도하다'라는 뜻으로 써왔습니다. 최근에는 '명상기도'라는 것 때문에 말이 많지요. 묵도는 소리 내서 하는 기도, 즉 소리 기도(vocal prayer)와 대립되는 말입니다.

하지만 이는 가능하면 쓰지 않는 게 좋다고 봅니다. 기독교 예배는 묵도로 시작하기보다 좀 밝게 시작할 필요가 있습니다.

"이제 주악에 맞추어 예배로 나아갑니다."

"이제 경건한 마음으로 정성을 모아 하나님께 예배를 드립니다."

"찬송 ○○○장을 부르심으로 예배로 나아갑니다."

이렇게 하는 편이 좋습니다.

6. 사도신경 하시겠습니다

사도신경은 우리의 신앙고백을 문장으로 요약해 담은 글입니다. 사도신경에 근거해 사도신경을 따라서 우리의 신앙을 고백하는 것이지, 사도신경을 하는 게 아닙니다.

'사도신경 하심으로'가 아니라 "사도신경으로(사도신경을 낭송하심으로) 써 우리의 신앙을 고백하겠습니다"라고 해야 바른 표현입니다.

7. 신앙고백은 사도신경을 암송하는 것일까?

'사도신경'이란 '사도'+'신경'으로 된 말입니다. '사도'란 예수님의 1대 제자를 말합니다. 베드로, 요한, 야고보 등 열두 제자가 사도지요. 그 제자들에게 배운 사람들은 사도 교부라고 합니다.

다만 사도들 중에 한 사람 예외가 있습니다. 바울 사도가 그렇습니다. 바울은 예수님 살아생전에 직접 배운 일은 없으니 사도라고 할 수 없습니다. 그러나 예수님께서 부활하여 승천하신 후에 바울에게 나타나 음성을 들려주셨고, 그처럼 예수님을 체험함으로써 변화되었기 때문에 자신을 사도라고 칭했으며, 다른 사람들도 이를 인정해 주었으므로 지금까지 사도라고 불리고 있습니다.

'신경'이라는 말은 믿음의 내용을 글로 적은 것입니다. 그래서 '믿을 신'(信) 자에 '글 경'(經)을 씁니다. 이것을 다른 말로 표현하면 '신조'(信條)입니다. 믿는 내용을 항목화한 것입니다.

결국 '사도신경'을 제목 자체만 가지고 해석하자면, 열두 사도의 신앙 고백을 글로 옮기고 항목화한 것이라 할 수 있습니다. 하지만 그렇지 않다는 설명도 있습니다. 아주 한참 후대에, 중세 가톨릭 시대에 만들었다는 주장이 그것입니다. 사도신경의 유래가 정확히 무엇인지는 확실치 않으나, 현재 우리가 이 사도신경으로 우리의 신앙을 하나님 앞에 고백하고 우리끼리 신앙 공동체로서의 동질감을 확보하고 있는 것만은 확실합니다. 예수님께 직접 배운 사도들의 고백이라고 여길 만큼 기독 공동체에서 권위 있는 고백으로 인정한다는 뜻이 제목에 들어 있는 것이지요.

사도신경을 하나님, 예수님, 성령님, 교회, 사죄(죄를 용서함), 부활, 영생, 이렇게 크게 일곱 가지 사항에 대한 통일된 신앙고백의 내용을 집약한 것으로 봐도 무리는 없으리라고 봅니다. 이런 통일된 고백이 없으면 전도하기도 어렵거니와 교인들을 교육하고 훈련하기도 힘들고 이단의 공격을 막아내기 어렵기 때문에, 이 사도신경을 만들었던 것이라고 생각합니다. 그 후에는 불신자가 예수님을 믿어 세례를 받으려면 반드시 사도신경의 내용으로 신앙을 고백해야 했고, 5세기경부터는 성경의 진리를 간명하게 요약한 기독교 신앙고백의 모델로 인정되어 지금까지 예배에서 쓰이고 있습니다.

처음에는 소수의 신앙고백으로 출발했겠으나 역사가 흐르면서 기독교인 전체의 신앙고백으로 받아들여지고 있으므로, 우리는 사도신경으로 신앙고백을 할 때 단순히 외듯이 해서는 안 됩니다. 요식적이고 형식적으로 해서는 안 됩니다. 하나님께서 우리 각자에게 "네가 무엇을 믿느냐?"라고 물으시는 데 대하여, "전능하사 천지를 만드신 하나님 아버지를 내가 믿습니다", "그 외아들 우리 주 예수 그리스도도 믿습니다"를 비롯한 답변을 하는 것입니다. 따라서 진지한 자세로, 각 항목의 뜻을 음미하면서 분명하고 확고하게 고백해야 합니다. 그래야 신앙고백 시간이 은혜스럽고 하나님이 들으시기에도 흡족할 것입니다. 마치 예수님께서 가이사랴 빌립보 노상에서 제자들에게 "너희는 나를 누구라고 믿느냐?"라고 물으셨을 때, "주는 그리스도시요 살아계신 하나님의 아들이십니다"라고 대답한 베드로가 칭찬받았던 것처럼 말입니다. 좀 더 진지한 신앙고백 시간이 되려면 두 가지를 유념해야 합니다.

첫째, 가능한 한 천천히 했으면 좋겠습니다. 제가 본 바로는 대체로 너무 빠른 것 같습니다. 누가 누가 빨리 외우나 경쟁하듯 해서는 안 되겠습니다. 신앙고백 시간은 사도신경을 외워재끼는 시간이 아닙니다. 애인에게 사랑을 고백할 때는 어떻습니까? 빨리할 수 있나요? 상대방이 알아들을 수 있는 속도로 명료하게 해야 합니다. 주워섬기듯이 해서는 안 될 것입니다. 가식적인 사랑 고백이거나 남이 써준 내용을 앵무새처럼 읊는 것이라면 몰라도, 정말 상대방을 사랑하는 마음이 넘쳐서 자신의 열렬한 심정을 담아 표현하는 고백이라면 그럴 수 없다고 생각합니다. 그런 의미에서 신앙고백도 가능한 한 천천히 했으면 좋겠습니다.

둘째, 사도신경의 의미를 제대로 알고 고백해야 하겠습니다. 불교에서는 잘 모르면서 신앙고백을 합니다. "마하반야 바라밀다 심경"이라는 어려운 한문 경전을 예불 때마다 뜻도 모르면서 주문처럼 외기 일쑤입니다. 우리의 사도신경은 다릅니다. 우리말로 번역돼 있어 조금만 신경 써도 그 의미를 다 알 수 있습니다. "살아 있는 자와 죽은 자를 심판하러 오십니다"라는 고백의 의미는, "역사 최후의 날, 주님이 재림하여 심판하러 오시는 날, 그때까지 살아 있는 자는 물론 그 이전에 죽은 자까지 다시 살아난 (사망의 부활로 부활한) 상태에서 심판하실 것을 믿는다"는 고백입니다. 이것만 진심으로 믿어도 절대 함부로 살 수 없습니다.

"거룩한 공교회를 믿는다"는 대목의 의미는 좀 어려울 수 있습니다. 이것은 현실적인 특정 교회는 믿을 수 없을지라도, 눈에 보이지 않는 교회, 하나님이 다스리는 교회, 영적인 교회는 완전하다는 사실을 믿는다는 고백입니다. "성도가 서로 교통하는 것"이라는 대목은 '성도가 서로 교제함', '성도가 서로 친교함'이라는 뜻입니다. '교통사고'의 '교통'이 아닙니다. 신자들 사이에 서로 정신적으로나 물질적으로나 도와주는 관계를 맺으며 지내는 것을 말합니다.

8. 주기도문 하심으로/주기도문 외겠습니다

'주기도문 하신다'는 표현은 잘못입니다. '성경 하다'라는 말이 불가능하듯 이것도 마찬가지입니다. 주기도를 하는 것이지 주기도문을 하는 게 아닙니다. 주기도(주님 가르쳐 주신 기도)를 드리는 것입니다.

"주기도문 외겠습니다"라는 표현도 마찬가지입니다. 암송하는 게 아니라 기도하는 것입니다. 주님의 기도를 내 기도처럼 생각하면서 내 기도 삼아 하는 것입니다.

"주님께서 가르치신 대로 기도하겠습니다."

"주님께서 가르쳐주신 기도를 드리겠습니다."

"주님께서 가르쳐주신 대로 기도하겠습니다."

이렇게 표현하는 게 좋습니다. 이래야만 주기도를 주기도답게 할 수 있습니다. 물론 천천히 음미하면서 해야 합니다. 의미를 생각하면서 기도하면, 주기도가 얼마나 포괄적인 기도이며, 고차원적이면서도 절실하고 구체적인 기도인지 느낄 수 있습니다.

9. ○○○가 대표기도를 해주시겠습니다

"○○○가 대표기도를 해주시겠습니다"라는 표현에 무슨 문제가 있는 것일까요? '…해주시겠습니다'라는 표현이 문제입니다.

대표기도는 회중의 공통적인 관심사 또는 기도 제목을 한 사람이 집약하여 아뢰는 기도입니다. 누가 누구를 위해서 하는 기도가 아닙니다. 대신해서 드리는 기도도 아닙니다.

"○○○가 기도하시겠습니다(기도 인도하시겠습니다)."

"○○○가 대표기도를 하시겠습니다(기도 인도하시겠습니다)."

이러면 충분합니다. 왜 인도한다는 표현을 하느냐 하면, 앞에서 말한 대로 원래는 모두가 일제히 드려야 하는 기도를 한 사람이 마치 민요 부를 때의 선소리꾼처럼 앞에서 인도하는 의미가 강하기 때문입니다.

10. ○○○가 우리를 대신해서 기도해주시겠습니다

대표기도는 모인 사람들의 간구 사항을 한 사람이 집약하여 드리는 기도입니다. 대신해서 드리는 게 아니라 대표해서 드리는 것입니다('대표'라는 표현도 쓰지 말자는 의견도 있음). 그러니 '대신해서'라든가 '기도해주신다'는 표현은 잘못입니다. "○○○가 기도를 인도하겠습니다"로 표현하는 게 맞습니다.

아울러, 앞에 나가서 "다 함께 기도하시겠습니다"와 같은 불필요한 말은 하지 말아야 합니다. 다들 이미 고개를 숙이고 기도할 준비가 되어 있으므로 기도만 하면 되는데, 왜 그 말이 필요한지 이해할 수 없습니다. 유초등부 예배 때 주의가 산만한 어린이들을 집중시키기 위해서나 필요할 법한 말을, 성인들 기도 시간에까지 할 필요는 없습니다. 이는 마치 설교자가 설교 첫머리에 "다 같이 설교를 듣겠습니다"라고 말하는 것이나 마찬가집니다.

11. 대예배

'대예배'라는 표현은 그리 좋지 않습니다. '대예배'라는 표현이 옳다면 다른 예배는 '중예배'나 '소예배'가 될 테니까요. 모든 예배는 다 중요합니다. 중예배, 소예배는 없습니다.

주일 예배, 주일 오전 예배, 주일 2부 예배

이렇게 표현하는 게 좋습니다. 사실 대예배실이라는 표현도 문제가 있으나 큰 예배실이라는 의미로도 볼 수 있으니 허용할 만합니다.

12. 수요 예배/금요 심야 예배/새벽 예배

공식적인 예배는 주일 예배만입니다. 그래서 봉헌 순서도 있고 찬양대의 찬양 순서도 있습니다. 다른 예배들은 엄밀히 말하여 성격이 다릅니다. 가장 무난한 표현은 기도회입니다.

삼일 기도회, 수요 기도회, 금요 기도회, 금요 심야 기도회, 금요 철야 기도회, 새벽 기도회

이렇게 표현하는 것이 가장 좋습니다.

한편 새벽 예배에 관해 일러둘 말이 있습니다. 초창기에는 새벽에 예배를 드린 것이 아니라 예배당 문만 열어놓으면 각자 와서 기도하고 갔다고 합니다. 이렇게 하는 것이 맞습니다. 그런데 언제부터인지 오늘날처럼 그 시간을 거의 경쟁적으로 '예배'라 부르며 설교도 하기 시작했습니다. 그렇게 불리면서 실질적인 기도 시간은 오히려 줄어든 상황입니다.

13. 성경봉독할 때 잘못 쓰는 말(1): 몇 장 몇 절로 몇 절 말씀

성경봉독을 인도할 때는 "몇 절에서 몇 절까지의 말씀을 읽겠습니다"라고 말해야 하는데, '몇 절로 몇 절까지의 말씀'이라는 표현이 자주 쓰입니다. 어느 대형 교회 주일 예배 녹화방송을 보다 보니, '이렇게 큰 교회에서도 아직 저런 표현을 쓰나' 싶더군요.

이것은 어디서 온 표현일까요? 아마도 지금과 같은 한글맞춤법이 제정되기 전, 그러니까 1933년 이전부터 갓 쓴 사대부 신자나 한국교회 초기의 조상들이 구결식(口訣式)이나 한문 읽기 투로 했던 표현이 그대로 구전되어 내려온 것 아닐까 짐작해봅니다.

이상한 표현이라고 느껴져서 개화기 국어를 연구하는 정길남 교수께 문의하니, 글에는 안 나오고 통상적으로 구어로만 존재하고 있다네요. '…로부터'라고 해야 하는데 줄여서 '…로'라고 하고 있다는 것이지요. 즉, 어법에는 분명히 안 맞는데 그렇게 쓰고 있다는 것입니다. 바로잡아야 할 일입니다.

14. 성경봉독할 때 잘못 쓰는 말(2): 성경을 받들어 봉독

"성경 말씀을 받들어 봉독하겠습니다." 설교 직전에 인도자가 그날 본문인 성경 말씀을 읽을 때 하는 말입니다. 그런데 '봉독'(奉讀)이라는 말 자체에 '받들어 읽음'(받들 봉, 읽을 독)이라는 뜻이 있으므로, '거룩한 성일'과 마찬가지로 의미가 중첩돼 부자연스러운 표현이 됩니다. 그냥 "성경 말씀을 봉독하겠습니다"라고 하거나 "성경 말씀을 받들어 읽겠습니다"라고 해야 합니다.

대전에 살던 내 만동서가 세상을 떠서 발인 예배에 참석했을 때의 일입니다. 담임목사님이 예배를 집전했습니다. 운구차 앞에서 관을 마주하고 가족과 교우들이 빙 둘러선 가운데, 담임목사님께서는 아주 은혜스러운 설교로 우리 모두에게 소망과 위로를 느끼게 했습니다. 그런데 이때 옥에 티가 있었으니, 설교 직전에 성경 말씀을 소개하고 나서 이렇게 말씀하신 것입니다.

"요한복음 몇 장 몇 절에서 몇 절의 말씀을 제가 대독해드리겠습니다."

그리고는 말씀을 혼자 읽으셨습니다. '대독'이라? 이것은 '남을 대신하여 읽음'을 의미합니다. 예컨대 대통령의 축사나 기념사는 마땅히 대통령 자신이 읽어야 하나, 사정상 대통령이 참석하지 못하여 국무총리나 누가 대신하여 읽는 것을 말합니다. 그때 잘 들어보면 분명히 국무총리가 읽는데도, "몇 월 며칠 대통령 ○○○ 대독"이라고 말합니다.

하지만 설교 직전에 본문 말씀을 읽는 것은 성격이 다릅니다. 말씀 읽는 사람이 특별히 정해져 있는 게 아닙니다. 하나님의 말씀은 인간 누구나 읽게 되어 있습니다. 특정한 사람의 목소리가 담긴 축사나 기념사와는 다릅니다. 하나님의 메시지를 우리가 읽는 시간이 성경봉독 시간입니다.

보통은 인도자나 설교자 혹은 담당자 혼자 읽게 되어 있으나, 교독으로 읽을 수도 있고 합독으로 읽을 수도 있습니다. 마치 민요를 부를 때 독창으로 부를 수도 있고 교환창이나 선후창으로 부를 수도 있으며 합창(제창)으로 부를 수도 있는 것과 마찬가지입니다.

그래서 예배 때 성경을 읽는 방식은 설교자나 인도자 혹은 담당자가 혼자 읽는 경우, 회중과 교대로 읽는 경우, 일제히 함께 읽는 경우, 이 세 가지가 있을 뿐인데요, 어느 경우에도 '대독'이라고 할 수는 없습니다. 혼자 봉독하거나 교대로 봉독(교독)하거나 함께 봉독(합독)하는 방식 외에는 없습니다.

'대독'이라는 표현이 맞는다면 과연 누가 읽어야 할 것을 대신 읽는다는 말일까요? 회중이 읽어야 할 것을 인도자가 대신 읽는다는 말인가요? 하나님이 읽어야 할 것을 인도자가 대신 읽는 것입니까? 이처럼 어느 모로 봐도 이해할 수 없는 표현이며, 부자연스럽고 부적절한 표현입니다. 쓰지 않아야 합니다.

15. 성경봉독할 때 잘못 쓰는 말(3): 제가 읽어드리겠습니다/제가 봉독해드리겠습니다

성경 봉독은 하나님 말씀을 읽는 순서입니다. 그냥 읽는 것이지 읽어주는 것이 아닙니다. '읽어준다'는 것은 읽을 줄 모르는 사람들을 위해서 대신 읽을 때만 쓰는 표현입니다.

"제가 읽겠습니다(봉독하겠습니다)."

이렇게 말해야 합니다. 절대로 다음과 같이 표현하면 안 됩니다.

"제가 읽어드리겠습니다."

"제가 봉독해드리겠습니다."

이런 표현이 맞는다면 설교하는 목사님이 "제가 설교해드리겠습니다"라고 말하는 것과, 특송 하는 사람이 "제가 찬송을 불러드리겠습니다"라고 말하는 것도 허용해야 합니다.

성경공부나 설교 시간에 필요하면 교독 및 합독을 할 수는 있습니다. 그럴 때는 교독인지 합독인지 분명하게 밝혀야 혼선이 없습니다.

"교독하겠습니다(한 절씩 교독하겠습니다)."

"합독하겠습니다(다 같이 합독하겠습니다)."

그러므로 "성경을 봉독해주시겠습니다"라는 말도 하면 안 됩니다. "설교해주시겠습니다", "찬양해주겠습니다"라고 하지 말아야 하는 것과 마찬가지입니다.

16. 다 찾으신 줄 믿고

성경봉독하는 사람이 흔히 하는 말입니다. 회중이 본문을 모두 찾은 것으로 간주하고 봉독하겠다는 말입니다. 그런데 '믿는다'는 말을 이런 경우에 쓰는 것은 좀 어색합니다.

"다 찾으신 것으로 알고"

이렇게 표현하면 됩니다. 사실 제일 좋은 것은 이런 말을 하지 말고, 다 찾았는지 한번 휙 둘러보아 확인한 후에 봉독하는 것입니다. 불필요한 말은 안 하는 게 좋습니다.

17. 시편 ○○장

성경 66권 중 대부분의 책에 속한 장을 일컬을 때 우리는 '○○장'이라고 합니다. 산문이 대부분이기 때문입니다.

하지만 시편만은 시 모음집이라 달리 부릅니다. 우리가 어떤 시인의 시를 말할 때 "아무개 시인은 모두 ○○편의 시를 남겼다"라고 표현하듯이, 시편의 장도 '○○장'이라 하지 않고 '○○편'이라고 합니다. 그러므로 '시편 ○○편'이라고 해야 합니다.

18. 모든 찬송을 '아멘'으로 끝내기

찬송을 인도할 때 무조건 마무리를 '아멘'으로 하는 사람들이 있습니다. 하지만 끝에 '아멘'으로 끝내도록 표시된 곡만 아멘을 발화해야 맞습니다.

악보에 있는 대로 함으로써 작곡자의 창작 의도를 존중해야 하기 때문이며, 악보대로 해야만 회중들이 호흡을 맞출 수 있기 때문입니다. 어떤 이는 '아멘'을 하고 어떤 이는 하지 않게 되면 예배 분위기가 흐트러질 수 있습니다.

19. 저희 교회에서는

광고 시간이나 설교 시간에 자신이 속한 교회를 일컬어 '저희 교회'라고들 하는데, 매우 겸손한 표현 같지만 지나칩니다. '우리 교회'라고 해야 맞습니다. 해당 집단의 구성원끼리 말할 때는 '우리'라는 말을 써야 합니다. 형제자매간에 제 아버지를 지칭하면서 '저희 아버지'라고 말하지 않는 것과 같은 이치입니다.

20. 룻기서, 욥기서, 잠언서, 아가서

성경은 66권의 책마다 제목이 있는데, 그 제목대로 일컬어야 맞습니다. 대부분은 문제가 없으나 룻기, 욥기, 잠언, 아가 등을 일컬을 때 '룻기서, 욥기서, 잠언서, 아가서'라 하는 경우가 많습니다.

원래는 전도서 및 서간문 형식의 일부 신약 성경에만 '서'자가 붙어 있습니다. 특히 신약의 서신서는 편지 문학이기에 그것을 표시하기 위해 '서'(書)자를 붙인 것입니다. 룻기, 욥기, 잠언, 아가는 '기', '언', '가'라고 장르가 이미 표현된 말이므로 '서'자를 넣을 필요가 없습니다. '룻기, 욥기, 잠언, 아가'라고 원래대로 부르면 됩니다.

21. 예배, 예식, 기도회, 경건회

예배, 예식, 기도회, 경건회는 구별해서 써야 합니다. 예배만 예배라고 해야 합니다.

'결혼 예식'이라고 해야지 '혼인 예배'라고 하는 것은 곤란합니다. 새벽 기도회, 금요 기도회라고 불러야 맞습니다. 돌, 회갑, 추도, 입학, 졸업, 입당, 임직, 교회 설립 등 수많은 경우에도 예배라는 표현을 남발하는데, 이것들은 어디까지나 예식일 뿐입니다. 회의하기 전에 1부 행사로 찬송 부르고 기도하는 것도 예배가 아니라 경건회 정도로 표현하는 편이 좋습니다.

22. 헌금과 봉헌

'헌금'이라는 말은 '돈을 바치다' 또는 '바치는 돈'이라는 뜻입니다. 그런데 우리가 예배 때 하나님께 바치는 것은 '돈'만이 아닙니다. '헌금'이라는 말은 돈을 바치는 경우만을 일컬으므로, 성경적으로나 신학적으로나 예배 용어로 적절하지 않습니다.

우리는 예배 때 하나님께서 우리에게 베풀어 주신, 십자가와 부활에서 절정을 이룬 모든 구속적 은총에 감사하여 우리의 몸과 마음 전체를 하나님께 바쳐야 합니다. 예배 때 현실적으로 '돈'(물질)을 바치는 것은 헌신하는 마음을 표현하는 상징적 행위 가운데 하나일 뿐입니다. 따라서 이 순서는 '봉헌'이라고 지칭하는 편이 더 적절합니다. '봉헌'이라는 말속에 목적물이 들어 있지 않으므로 '예물 봉헌'이라고 구체적으로 명기해야 한다는 주장도 있습니다. 그러나 우리가 예배 때 드리는 것에는 재물뿐만이 아니라 몸과 마음까지도 포함되기 때문에 '예물'이라고 대상을 한정할 필요는 없습니다.

그러므로 '봉헌'이라는 말은 하나님의 은총 앞에 성도들이 바치는 응답적 행위의 총칭입니다. 헌금보다 봉헌이 더 포괄적인 말이라는 것입니다. 그래서 헌금 위원보다는 봉헌 위원이란 표현이 좋으며, 덧붙여 '헌상'(獻上)이라는 표현도 봉헌만큼이나 좋은 말입니다.

23. 특송 들으면서 헌금하시겠습니다

더러 봉헌 시간에 "특송을 들으면서 헌금하시겠습니다"와 같은 표현을 하는데 이는 부적절한 표현입니다. 특송은 예배하는 사람들 감상하라고 부르는 것이 아닙니다. 대부분의 다른 순서와 마찬가지로 특송도 하나님께만 드리는 찬양이어야 합니다. 예배 때 부르는 찬송은 어느 경우든 하나님께 드리는 것으로서, 가수가 청중을 위해 부르는 노래와는 다릅니다.

봉헌할 때 부르는 특송은 특송을 맡은 사람만의 찬양이 아닙니다. 봉헌하고 있는 모든 회중도 속으로 합심하여 그들과 함께 찬양을 드리는 것입니다. 찬양대가 찬양을 드릴 때 회중도 마음속으로 그들과 함께 찬양을 드리는 것과 마찬가지입니다.

그러므로 찬양대가 찬양을 잘했다고 손뼉을 쳐서는 안 되듯이 봉헌 시간에 특송이 끝난 다음에도 잘했다고 손뼉을 치지 않는 게 원칙입니다. 다시 말하지만 공연이 아니기 때문입니다.

24. 드린 헌금을 위해 기도

봉헌기도를 할 때 "드린(바친) 헌금을 위해 기도하겠습니다"라고 하는 경우가 있습니다. 잘못된 표현입니다.

하나님께 드리는 우리 기도는 일차적으로 인간을 위해, 때때로 인간 외의 생명체를 위해서도 드려집니다. 집에서 기르는 애완동물이나 가축을 위해 기도하는 것처럼 말입니다. 동물이나 가축이 병들어 괴로워하는 것을 볼 때 안쓰러워서 기도할 수도 있습니다.

하지만 '드린 헌금을 위한 기도'라는 표현은 부적절합니다. 헌금은 인간도 아니고 생명체도 아닌 일반적인 물질이기 때문입니다. 그냥 '봉헌기도'라고 하는 게 좋습니다. 이는 예물을 드리며 하나님께서 베풀어 주신 은혜에 감사하고 이 예물을 주님 뜻대로 사용할 수 있게끔 해 달라는 기도이지, 예물을 위해서 하는 기도가 아닙니다.

25. 제사, 제단, 제물, 성전

구약 시대 고유의 용어들을 신약 시대에 그대로 쓰는 것은 곤란합니다.

우리는 더 이상 짐승을 잡아 바치는 제사를 드리지 않습니다. 예수님께서 대신 돌아가심으로써 죄와 죽음의 권세에서 영원히 해방되었기 때문입니다. 마찬가지로, 우리에게는 제단도 필요 없고 제물도 필요 없습니다. 예수께서 단번에 구속해 주셨기 때문입니다.

성전도 그렇습니다. 엄밀한 의미에서 성전은 예루살렘 성전 한 군데뿐이고 다른 곳에 있는 것은 모두 회당, 즉 쉬나고게(synagogue)[1]였습니다. 성전에서만 제사를 드렸습니다.

신약 시대 이후의 교회당은 성전과는 개념이 다릅니다. 복수의 교회당 건물은 어쩌면 회당의 전통과 더 가깝습니다. 그런데도 자꾸만 교회당을 성전이라 명명함으로써 교인들이 잘못된 인식을 가지게 합니다.

성전 건축이니 제1성전이니 이런 표현은 재고해야 합니다. 신약에서의 성전이나 교회는 건물이 아닌 우리 각자라는 것을 잘 알면서도, 그렇게 신학교에서 배웠으면서도, 짐짓 교회를 건물로 여기게 하고 교회당을 성전이라 함으로써 은연중에 성도들을 종교인으로 안주하게 만들 수 있습

---

1 유대교 회당. '쉬나고게'(synagogue)라는 말은 그리스어로 '만남의 장소'(a place of meeting)라는 뜻을 가진 히브리어 '베트 크네세트'(bet knesset)의 번역어이다. 회당(會堂)이 처음 생기기 시작한 것은 기원전 586년 예루살렘이 무너지고 유대인들이 포로로 잡혀간 이후로 추정된다. 유대인이 있는 곳이면 어디에든 세워지기 시작한 회당은 유대교의 대표적 집회 장소로서 지금도 전 세계 어디든지 유대인이 있는 곳에 반드시 존재한다. 여기서는 예배의식, 각종 집회, 교육 훈련 등이 이루어지며 유대인의 종교뿐만이 아닌 행정, 교육 그리고 사교의 중심지라 할 수 있다. (pmg 지식엔진연구소, 『시사상식사전』[서울: 박문각])

니다.

신약성경에서 구약 용어를 쓰는 경우가 있지만, "산 제물"(롬 12:1), "찬송의 제사"(히 13:15-16)처럼 비유적으로, 또는 복음으로 재해석하고 재문맥화하여 사용하는 것이지 지금 우리가 쓰는 것처럼 하지는 않는다는 사실을 유념해야 합니다.

26. 영시 예배, 자정 예배, 송구영신 예배

한 해를 보내고 새해를 맞이하면서 드리는 예배가 있습니다. 이를 영시 예배, 자정 예배 등으로 부르기도 합니다만 송구영신 예배가 가장 좋습니다.

새해를 맞아 일 년에 한 번 드리는 예배라는 의미를 잘 드러내는 표현이 송구영신 예배이기 때문입니다. 영시 예배나 자정 예배는 그렇지 못합니다. 어느 때고 영시에 드리면 영시 예배, 자정 예배가 될 수 있기 때문이지요.

27. 태신자

나태해진 신자를 태(怠)신자라고 부르기도 하지만, 주로 전도하려고 늘 마음에 품고 기도하는 대상자를 태(胎)신자라고 표현합니다. 그런데 이런 표현은 전혀 성경적이지 않습니다.

신자는 '믿는 자'입니다. 아직 믿지 아니하는 사람, 전도의 대상자를 태신자라 칭하는 것은 언어도단입니다. 태중에 있는 아기는 이미 사람이지만, 소위 '태신자'라는 사람은 아직 '신자'가 아닙니다. 아기는 출산 전이라도 잉태되는 순간부터 이미 사람이기에 '태아'라고 부르지만, 신자는 믿는 순간부터 비로소 신자가 되기 때문에 믿기도 전에 '태신자'라 부를 수는 없습니다. 그는 여전히 불신자입니다.

이렇게 어려운 말, 의미를 혼동한 말, 혹은 이치에 맞지 않는 말을 굳이 쓸 필요가 있을까요? 태(胎)신자는 전도 대상자라고 표현하는 것이 좋겠습니다.

28. 할렐루야로 인사하기

할렐루야라는 말은 '하나님을 찬양하라'라는 뜻을 지닌 말로서 명령형이자 청유형의 표현입니다. 그런데 한국교회에서는 이 말을 남용하고 있습니다.

특히 이 말을 인사말로 쓰는 것은 곤란합니다. 좋은 우리 인사말 놔두고 할렐루야를 쓸 필요가 없습니다.

"안녕하세요?"

"반갑습니다."

"평안하시길 바랍니다."

이렇게 경우에 맞는 다정한 우리말이 얼마든지 있습니다. 뒤에서 다룰 '아멘'과 함께 할렐루야의 남발 현상은 한번 생각해 볼 필요가 있습니다. 꼭 필요할 때만 써야 합니다.

29. 교회 창립

'교회 창립'이라는 표현을 종종 듣습니다. 각 교회가 맨 처음 세워진 사실을 회고하는 표현이지요. 하지만 엄밀히 말하면 개교회를 두고서는 '창립'이라고 할 수 없습니다.

창립이란 '조직 따위를 처음으로 세움'을 의미하는 말입니다. 초기 교회 시기에 세워진 첫 교회의 시작은 '창립'이 맞지만 그 이후의 모든 교회는 창립이 아니라 설립일 뿐입니다.

교회 설립 ○○주년

설립 기념 주일

이렇게 표현하는 것이 좋습니다.

30. 제사장

목회자를 제사장으로 표현하기도 합니다만, 자칫 신약 시대의 종교인 기독교의 특징을 희석하거나 왜곡할 염려가 없지 않습니다. 더 이상 동물을 바치는 희생제사가 필요 없는 신약 시대, 곧 은혜 시대에 구약의 용어를 그대로 쓰는 것은 좋지 않습니다.

목사, 목자, 목회자, 사역자…

이렇게 표현하는 것이 좋습니다.

31. 기도로 폐회합니다

예배를 마치면서 '폐회'라고들 말하는데, 이는 부자연스러운 표현입니다. 예배는 회의가 아니기 때문입니다. 예배는 하나님께 드리는 행위입니다.

"기도로 예배를 마칩니다."

"기도로 기도회를 마칩니다."

이렇게 표현하는 것이 좋습니다. 아울러 예배를 시작하면서 '개회'라고 말하는 것도 좋은 표현은 아닙니다. '개회기도'라고 하기보다는 '(예배) 시작기도'라고 하는 것이 더 좋습니다.

32. 종님

기도하면서 목회자를 지칭해 '종님'이라고 표현하는 경우가 있는데 이것은 어색합니다. 무엇보다 '종'에다 '님'이라는 접미사를 붙인다는 게 우습습니다. '노예님', '하인님'이라고 말하는 것이나 마찬가지니까요.

목회자 본인이 주님 앞에서 자신을 낮추어 '종', '주의 종'이라 할 수는 있습니다. 하지만 일반 신자가 목회자를 '종'이나 '종님'이라고 지칭하는 것은 어색합니다.

33. (축도에서) 성부, 성자, 성령의 은혜가 계시옵기를

예배의 마지막 순서는 축도입니다. 축도는 성부, 성자, 성령 하나님의 은혜가 영원히 함께하게 해달라는 내용으로 거의 정형화되어 있습니다. 물론 청중에 따라 약간의 변형은 있을 수 있지만, 삼위 하나님의 은혜와 사랑과 감동케 하시는 역사가 늘 함께하기를 비는 중심 내용만은 변하지 않는 요소입니다.

그런데 축도 가운데 우리말 어법에 비추어 부자연스러운 표현이 더러 있습니다.

"…은혜가 영원히 함께 계시옵기를 축원하옵나이다."

여기서 '계시옵기를'이라는 표현은 부적절합니다. '계시다'의 주어가 하나님이라면 맞는 표현이지만, '은혜'가 주어이기 때문에 '계시다'라고 높일 수 없습니다. 이렇게 고쳐야 자연스럽습니다.

"…은혜가 영원히 함께하기를 축원하옵나이다."

이 문제는 우리가 일상어에서 "○○○님의 축하 말씀이 계시겠습니다"라고 하는 것이 적절치 않은 것과 마찬가지입니다. "○○○님의 축하 말씀이 있겠습니다"라고 하든지, "○○○님이 축하 말씀을 해주시겠습니다"라고 해야 맞습니다. "복이 계실지어다"라는 표현도 부적절합니다. 복은 인격체가 아니므로 "복이 있을지어다"라고 해야 맞습니다.

"이 민족 위에"

왕왕 이렇게 민족 전체로까지 축복의 대상을 확대하는 경우도 있는데, 축도는 예배 참석자만을 대상으로 해야 합니다.

34. 설교 말씀이 계시겠습니다

앞에서 언급한 것과 비슷하게, 우리말에서 "계시겠습니다"라는 서술어의 주어는 인격체만입니다. 사람이나 신만 그 주어가 될 수 있고 '말씀'이 주어가 될 수는 없습니다.

"설교 말씀이 이어지겠습니다."

"설교 말씀이 있겠습니다."

이렇게 표현해야 합니다.

35. 찬송가를 부르심으로 시작하겠습니다

어느 교회 여선교회에서 교회 용어 문제로 특강을 해달라고 해서 갔더니, 진행하는 분이 "찬송가를 부르심으로 시작하겠습니다"라고 말씀하셨습니다. 그러나 찬송가는 찬송을 모아놓은 책을 일컫는 말입니다.

"찬송가 ○○○장을 부르시겠습니다."

이렇게 표현해야 맞습니다. 또한 찬송 부르는 것을 시작을 알리는 신호처럼 여겨서는 안 됩니다.

"지금부터 특강을 시작하겠습니다."

특강의 시작을 알리려면 이렇게 말해야 옳습니다.

36. 성가대의 찬양을 듣는 시간입니다

찬양대의 찬양 순서를 안내할 때 "성가대의 찬양을 듣는 시간입니다"라는 표현을 합니다. 우선 지적할 것은 '성가대'가 아니고 '찬양대'라고 해야 한다는 사실입니다. '성가'라는 표현이 일본식이기 때문입니다.

그다음 지적할 것은, '찬양을 듣는 시간'이라는 표현입니다. 찬양은 누가 하든지 하나님께 드리는 봉헌 행위입니다. 회중이 들으라고 하는 게 아닙니다. 음악적 달란트를 지닌 사람들로 조직된 찬양대가 회중을 대표해서 하나님께 노래를 드리는 순서가 찬양 시간입니다.

그러니 '찬양을 듣는 시간'이라는 표현은 삼가야 합니다. 대신 '찬양을 올려드리는 시간'으로 표현해야 합니다.

37. 속회(구역) 예배 인도를 어떻게 할까?

속회 예배의 첫 모임에서는 설교 내용을 요약해 보면 좋은 연습이 될 것입니다. 전체를 한 사람이 요약할 수도 있겠지만 한 대목씩 나누어 요약해서 자기 말로 표현하는 게 좋습니다. 목사님의 설교는 대개 서너 개의 소항목으로 구성되어 있으니 진행하기가 좋습니다. 그런데 이마저도 부담스러워 말할 사람이 없는 상황도 발생할 수 있으니, 인도자가 처음부터 끝까지 다 읽어 오고 나머지 사람들은 설교에서 중요하다고 생각하는 부분에 밑줄을 그어 와서 그것만 발표하는 식으로 진행해도 좋습니다.

설교 요약이 끝나면 소감(설교를 듣고 읽으면서 받은 감동, 떠오른 생각, 관련 간증 등)을 나누는데, 한 사람이 하면 지루해지기 쉬우므로 이것도 대목별로 나눠서 이야기하는 게 좋습니다. 이때 언변 좋은 사람이 시간을 독점하지 않도록 시간 배분을 적절히 해야 합니다.

구체적인 진행 방식의 두 가지 유형과 인도자가 유념해야 할 사항을 정리해보면 다음과 같습니다.

(1) 두 가지 진행 방식

- **제1유형**: 인도자가 주도하지 않고 참석자 모두에게 발언할 기회를 줍니다. 각 대목을 요약해서 이야기한 후, 그 내용에 관해 자유롭게 하고 싶은 말을 나누는 방식입니다. 더러 진행자가 핵심 내용과 관련된 질문을 만들어 가지고 있다가 물을 수도 있습니다. 이때 자연스러운 대화를 유도하기 위해 주로 실생활과 관련된 질문을 하는 게 좋습니다. 이 방법은 참석자들이 서로 잘 모르거나 소극적인 성격을 가진 사람이 많을 때 효과적입니다.
- **제2유형**: 인도자가 주도하는 방식입니다. 인도자가 설교의 전체 주제와 주된 흐름, 강조점 등을 되짚어주면서 진행합니다. 항목별로 간단히 내용을 요약하고 중간중간 느낀 점이나 설교 내용과 관련된 고민에 대한 질문을 던짐으로써 회원들의 생각을 끌어냅니다. 회원들이 말하지 않으면, 인도자가 자신의 느낌과 생각을 미리 준비한 대로 소개합니다. 혼자 하든 회원의 참여가 있든, 설교 내용과 우리 삶의 문제가 연결되도록 하는 데 초점을 맞추는 것이 중요합니다.

(2) 인도자가 유념할 점들

첫째, 인도자가 남의 어려움에 동참하고 이해하려는 마음으로 자신의 경험을 먼저 나눌 때 참석자들이 마음을 여는 법입니다. 진행하는 능력보다 이해심이 먼저임을 유념해야 합니다.

둘째, 인도자는 무엇보다 모임에서 나눌 설교의 전체 윤곽을 머릿속에 담아놓기 위해 노력해야 합니다. 모임 진행 시 간혹 곁길로 빠지게 되는 대화를 본문 내용과 연결해 다시 제자리로 돌아오게 하려면 설교의 윤곽을 알고 있어야 합니다.

셋째, 인도자는 자신의 박식함을 과시하고 싶은 유혹을 참을 필요가 있습니다. 회원들이 거리감을 느껴 말하기 힘들어하기 때문입니다. 회원이 발언할 때 경청의 본을 보이기, 어떤 말에 대해서도 판단하지 않기, 잘못된 정보를 제시하는 사람이 있다면 수용적인 태도로 알려주기, 말하기 어려워하는 사람을 격려해 주기 등이 인도자가 할 일입니다.

38. 어린이 예배 진행 모범 예문

나는 어린이 예배를 진행하면서, 예배 진행자들이 공유해야 할 모범 예문을 만들 필요성을 느꼈습니다. 인도자의 지적·영적인 성장을 위해서나 어린이들의 바른 교육을 위해서나 적절한 표현이 중요하다는 판단이 들었기 때문입니다. 우리 교회 어린이 예배 순서를 기준으로 한번 만들어보았습니다. 성인 예배에도 응용 가능하리라 봅니다.

예배 시작: “예배를 시작합니다. 경건한 마음으로 하나님께 예배를 드립시다.”

찬송: “다 함께 찬미예수(혹은 어린이 찬송) ○○○장을 부르시겠습니다.”

신앙고백: “이제 사도신경으로써 우리의 신앙을 고백하겠습니다.”

기도: “이 시간 우리를 대표해서 ○○○ 선생님께서 기도 인도하시겠습니다. 기도가 끝난 뒤에는 다니엘 찬양대의 찬양이 있겠습니다.”

찬양: (다니엘 찬양대의 찬양)

설교: “이제 ○○○님께서 성경 말씀을 읽어주시고 ‘○○○○’라는 제목으로 설교하시겠습니다.”

봉헌/장기자랑(은사 나누기): “이제 찬미예수 ○○○장을 부르시면서 하나님께 봉헌하시겠습니다.”

“이제 하나님께 봉헌하시겠습니다. 특별히 이 시간에는 ○○○ 어린이가 하나님께서 주신 재주와 은사를 하나님께 드리는 장기자랑을 하겠습니다. 박수로 환영합시다.”

봉헌기도: “이제 ○○○님이 봉헌기도를 드리겠습니다. 봉헌기도를 마친 후에는 부장 선생님이 광고하시겠습니다.”

주기도: “이제 다 같이 주님 가르쳐 주신 기도를 하심으로써 예배를 마치겠습니다. 너희는 이렇게 기도하라…”

예배 마침: (반주)

39. 어른 예배 진행 모범 예문

예배 전 찬송: “예배 전 찬송하시겠습니다.”

예배 시작: “다 같이 경건한 마음으로 하나님께 예배를 드립시다(신령과 진정으

로 예배합시다)"(예배에의 부름 관련 성경 구절 낭송).

찬송: 찬송가 ○○○장을 부르시겠습니다.

기도: ○○○가 기도를 인도하시겠습니다.

성경봉독: "이 시간에 읽을 성경 말씀은 어디 몇 장 몇 절에서 몇 절까지입니다. 제가 읽겠습니다(한 절씩 교독하시겠습니다/함께 읽으시겠습니다/합독하시겠습니다)."

특송: "○○ 지역 교우들의 특송이 있겠습니다."

설교: "담임목사님께서 '○○○○'라는 제목으로 설교하시겠습니다."

축도: (설교 후 목사님이 직접 축도하고 마치므로 인도자는 따로 말할 필요 없음.)

교회에서 쓰는 말 바로잡기

기도할 때 쓰는 말

1. (마이크 훅 불면서) 아, 아, 아, 다 같이 기도하시겠습니다

"아, 아, 아, 다 같이 기도하시겠습니다." 기도 인도를 맡은 이가 단상에 나가서 이런 식으로 마이크 상태를 점검한 후 기도하자고 하는 경우가 있습니다. 이러면 안 됩니다. 미리 와서 마이크 상태를 점검해야 합니다. 그리고 그냥 살짝 두드려 보기만 해도 마이크 상태를 점검할 수 있습니다.

아울러 이미 예배 인도자가 "○○○가 기도 인도하시겠습니다"라고 소개했고, 주보에도 순서가 나와 있는 상황에서 "다 같이 기도하시겠습니다"라는 말은 전혀 필요하지 않습니다. 가뜩이나 시간을 아껴야 하는 공중 예배에서 불필요한 말은 하지 않는 게 좋습니다. 인도자가 소개하는 동안에 걸어 나와서, 소개가 끝나자마자 바로 기도를 시작해야 합니다. 기도 순서임을 다들 알고 있어 모두 눈을 감고 기도하는 자세를 취하고 있으니 바로 기도하면 됩니다.

2. 할렐루야로 기도 시작하기

할렐루야(hallelujah)는 '야웨를 찬양하라'라는 뜻의 히브리어입니다. 하나님을 찬양하라고 사람끼리 권유할 때 쓰는 말입니다. 그러므로 할렐루야로 기도를 시작하는 것은 바람직하지 않습니다. 하나님을 향해 "하나님을 찬양하라"고 할 수는 없기 때문입니다.

물론 성경에는 할렐루야가 많이 나옵니다. 특히 시편에 많이 쓰이고 있습니다. 시편 104편, 105편, 116편, 117편은 할렐루야로 끝을 맺고 있으며, 111편, 112편은 할렐루야로 시작하고 있고, 106편, 113편, 135편, 146편, 147편, 148편, 149편, 150편은 할렐루야로 시작하고 할렐루야로 끝내고 있습니다. 요한계시록 19장에도 할렐루야가 4회 나오는데 이들 모두 '야웨를 찬양하라'라는 뜻의 명령어로 쓰였습니다.

기도란 우리가 하나님께 감사와 사죄와 소원을 직접 아뢰는 것입니다. 그런 기대를 가지고 눈 감고 앉아 있는데, "할렐루야" 즉 "야웨를 찬양하라!"고 한다면 곤란합니다. 하나님을 향해 "야웨를 찬양하라"고 하는 셈이니 난처한 일입니다.

3. 성구를 암송하며 기도 시작하기

기도 인도자가 기도 서두에 교훈적인 성경 말씀을 암송하고 기도를 시작하기도 합니다. 그런데 이는 부적절합니다. 앞에서도 말했듯, 기도는 하나님 아버지께 우리의 할 말을 아뢰는 행위입니다. 그러므로 우리의 기도를 들으시는 분은 하나님 한 분뿐이십니다.

"항상 기뻐하라. 쉬지 말고 기도하라. 범사에 감사하라. 이는 그리스도 예수 안에서 너희를 향하신 하나님의 뜻이니라"(살전 5:16-18). 기도 인도자가 서두에 이런 성경 구절을 암송할 경우, 이는 회중들에게 교훈을 주려는 의도로 읽히기에 곤란합니다. 사람을 의식한 행위이기 때문입니다. 하지만 기도 도중에 근거를 대기 위해 성경 구절을 인용할 수는 있습니다. 예컨대 "주님은 서로 사랑하라고 명하셨으나 저희가 부족해서 그렇게 살지 못하고 있으니 용서하옵소서." 이런 경우는 문제가 없습니다.

4. 사랑하시는 하나님

기도의 대상인 하나님을 향하여, '사랑하시는 하나님'이라 부르면서 기도하곤 하는데 적절하지 못한 표현입니다. '저희를 사랑하시는 하나님'이라고 하면 맞지만, 그냥 '사랑하시는 하나님'은 곤란합니다.

만약 '저희가 사랑하는 하나님'이라는 의미로 이 말을 했다면 '사랑하옵는 하나님'이라고 해야 옳습니다. 우리말 존대법상 내가 하는 행위를 높일 수는 없기 때문입니다.

5. 감사하신 하나님

비슷한 예로 '감사하신 하나님'이라 표현하기도 합니다. 이것도 '사랑하시는 하나님'과 마찬가지로 존대법의 원칙에 어긋난 표현입니다. '고마우신 하나님' 또는 '감사하옵는 하나님'이라고 해야 자연스럽습니다.

6. 당신의 크신 능력으로

하나님께 기도하면서 '당신'이라고 부르는 것은 잘못입니다. 우리말에서는 '당신'이라는 말을 다음 두 가지 경우에 사용합니다.

하나는 2인칭 대명사로서, 자기와 동등하거나 그 이하의 위치에 있는 사람을 가리키는 말로 사용합니다. 예컨대 운전자 간에 "당신 잘못이 아니고 내 잘못이요"라고 말한다거나, 남편이 아내더러 "당신은 언제 봐도 아름다워요"라고 하는 경우가 이에 해당합니다. 다른 경우는 3인칭 극존칭 대명사로서, 자기보다 높은 위치에 있는 분을 (그분이 안 계신 자리에서) 아주 많이 높여서 지칭하는 말로 사용합니다. 예컨대 남매가 함께 모여 돌아가신 아버지에 관해서 이야기하면서 "당신의 소원은 남북통일이 되어 고향에 돌아가는 것이었지"라고 하는 경우입니다. 우리가 기도하면서 하나님을 '당신'이라고 부르는 것은 이 두 번째 경우를 잘못 적용한 경우라 하겠습니다.

기도가 아닌 다른 상황에서 신도 간에 "당신의 영광을 이루어 드리기 위해 우린 살아야 해"라고 한다면 몰라도, 지금 예배에 임하셔서 내 기도를 들어주고 계시는 하나님께 '당신'이라고 하는 것은 불경스러운 표현입니다. 그것은 2인칭 대명사로서의 '당신'이 되기 때문입니다.

7. 거룩한 성일/안식일

"거룩한 성일을 주셔서 고맙습니다."

"안식일에 모여 예배하게 하시니 고맙습니다."

기도할 때 이런 표현을 하곤 하는데, 적절하지 않습니다.

성일(聖日)은 '거룩한 날'(거룩할 성, 날 일)이라는 뜻을 지닌 말입니다. 그러니 '거룩한 성일'이라고 하면 '거룩한 거룩한 날'이 되어 의미가 중첩됩니다. 그냥 '성일'이라고 하든지 '거룩한 날'이라고 해야 하겠습니다.

‘안식일’도 생각해봐야 할 표현입니다. 구약 시대에는 맞는 말이었지만 ‘주일’로 대체된 신약 시대에 주일을 안식일이라고 부르는 것은 어폐가 있습니다. 요일로 보면 토요일이 안식일이고 일요일은 주일로 구별되기 때문이지요. ‘주일’ 또는 ‘안식의 하루’ 정도로 표현하는 게 좋습니다. 주일은 부활을 기념하는 날이면서 종래의 안식일 기능도 포함한다고 할 수 있습니다. 주님의 부활로 인해 진정한 안식이 찾아왔다는 의미에서 그렇습니다.

8. 하나님께 기도하면서 사람을 높이는 말 쓰기

“이제 목사님께서 설교하시는 시간입니다.”

우리말 어법에서는 듣는 사람이 최상위자일 경우 다른 어떤 인물에게도 존대어를 쓰지 않습니다. 이른바 압존법이 있기 때문에 더 높은 분 앞에서는 낮추어 표현합니다. 예컨대 “아버지, 큰형님이 오셨어요”라고 하는 것은 맞지 않습니다. 이 말을 듣는 아버지는 큰형보다 더 격이 높은 분이기 때문에 “아버님, 큰형이 왔습니다”라고 말하는 게 옳습니다.

이 원리를 적용해보면, 우리가 기도할 때도 기도를 듣는 분인 하나님이 최상위자이시므로 다른 어떤 사람도 높일 수 없습니다. 그러므로 기도할 때 ‘우리 성도님들이’ 또는 ‘우리 목사님께서’라고 말하는 것은 적절치 않습니다. 종교개혁의 정신 가운데 하나인 만인 제사장주의에 비추어서도 재고해야 합니다. 성직자와 일반신자의 차이를 없앤 그 원리를 약화시킬 수 있기 때문입니다.

"설교 시간에, 목자의 입술을 주장해주셔서 담대히 증거하게 하옵소서."

이렇게 '목자' 또는 '사역자'로 표현하는 것도 좋습니다.

9. 개회기도(기원)를 대표기도처럼

한번은 교단 연회에 참석했습니다. 연회는 목사와 장로만 참석하는 모임인데, 폐회식은 어느 목사님의 은퇴 찬하식을 겸하여 드렸습니다.

진행하는 목사님이 묵도 끝에 개회기도(기원)를 드렸습니다. 그런데 그날 은퇴하는 분을 위해 상당히 길고도 간절하게 기도를 드리더군요. 그간의 노고를 위로해주시고 앞으로 강건케 해달라는 등의 내용이었습니다. 묵도가 끝나고 찬송을 한 장 부른 후 대표기도 시간이 되었습니다. 그러자 대표기도를 맡은 분이 나와서 이렇게 말하는 것이었습니다.

"제가 드릴 기도는 이미 진행자께서 다 하셨으므로, 저는 특송이나 하겠습니다."

이러면서 찬송을 불렀습니다. 세상에!

개회기도(기원)는 대표기도가 아닙니다. 하나님을 찬양하며 그분의 은혜에 감사함을 표현한다든지, 그 시간에 하나님이 임재하셔서 기쁘게 받아주시기를 혹은 회중에게 하나님의 은총이 내리기를, 아주 포괄적으로 간략하게 아뢰면 됩니다. 그런 내용을 담은 시편의 한 대목을 읽는 것으로 대신해도 좋습니다.

10. 하나님 아버지시여/주여

우리말 존대법에서는 2인칭에 호격조사를 붙이지 않는 게 원칙입니다. 다시 말해서 손윗사람이 앞에 있는 경우 그분에게 "선생님이시여", "아버지시여"라고 하지 않습니다. 그냥 "선생님", "아버지"라고 부릅니다.

마찬가지로 기도할 때도 그냥 "주님", "하나님"이라고 하면 될 일입니다. 이것이 "하나님이시여" 보다 얼마나 더 친근하고 부드럽습니까? 문어체로 쓰인 예전 성경의 표현을 무조건 따라서 할 일이 아닙니다.

11. 전하는 자나 듣는 자가 피차에 은혜받게

"이 시간 부족한 종이 말씀을 증거할 때, 전하는 자나 듣는 자가 피차에 은혜받게 하옵소서." 설교자인 목사님이 설교 전에 이렇게 기도하는 것은 매우 자연스럽습니다. 겸손한 마음이 느껴져 좋습니다. 하지만 평신도가 이렇게 기도하는 것은 부적절합니다. 설교자에 대한 예의가 아니기 때문입니다.

12. 예배를 돕는 성가대

사람들은 대표기도에서 종종 '예배를 돕는 성가대'라는 표현을 쓰곤 합니다. 그러나 이는 부적절한 표현입니다.

예배를 돕는 행위는 안내하거나 주보를 나눠주거나 주차 관리를 하거나 영상실에서 일하는 등, 그야말로 예배 순서에는 들어가지 않으면서 예배가 순조롭게 이뤄지도록 돕는 행위를 일컫습니다. 하지만 성가대는 찬양의 직무를 독특하게(표나게) 담당하기 위해서 조직되어 그 일을 하기 때문에 단순히 예배를 돕는 기관이 아닙니다. 담임 교역자가 설교를 담당하듯, 엄연히 예배의 독립적인 순서 하나를 담당하는 기관입니다.

그런데도 '예배를 돕는 성가대'라고 표현한다면, 이는 암암리에 성가대를 교인들의 예배 분위기나 돋우려고 봉사하는 부수적이고 종속적인 기관으로 격하하는 셈입니다. 그러니 이 말은 고쳐서 표현해야 합니다. '성가대'보다 '찬양대'가 합당하다는 점에 관해서는 이미 앞장에서 지적했으므로 설명을 생략합니다.

13. 예배 시종일관을 주관해주시길 바랍니다

대표기도를 듣다 보면 부자연스러운 표현들이 왕왕 들립니다. 기도 말미의 다음과 같은 표현이 그 예입니다.

"예배의 시종일관을 주관해주시옵길 바라옵니다."

"예배의 시종을 주님께서 주관해주실 것을 믿으며, 예수님 이름으로 기도합니다."

하나님은 예배를 받으시는 분이지, 예배를 주관하는 분은 아닙니다. 예배를 주관하는 이는 하나님이 아니라 우리입니다. 인도자(집례자), 설교자, 대표기도자, 찬양대, 안내 위원, 봉헌 위원, 기술팀 등 우리 모두에게는, 예배가 신령과 진정으로 드려지도록 잘 주관해야 할 책임이 있습니다.

이것이 납득되지 않는다면 국어사전에서 '주관'(主管)의 낱말 풀이를 보기 바랍니다. "책임지고 맡아봄, 주장하여 관리함"이라고 되어 있습니다. 지금 우리가 일상생활에서 주관이라는 말을 어떻게 쓰는지 구체적으로 생각해봐도 자명합니다.

가령, 대통령의 생일을 축하하기 위해 조찬 기도회를 열었다면 그 행사의 주체를 표시할 때 다음과 같이 합니다.

주관(주최): ○○단체

협찬: ○○단체

이때 대통령은 그날의 기쁨과 영예를 누리기만 하지, 행사의 주관자가 되어 경비를 조달하거나 진행하는 일은 하지 않습니다. 그 일은 다른 사람들이 하는 것입니다.

예배도 마찬가집니다. 하나님더러 예배를 책임지고 관리하라는 것은 불경스럽기도 하고 죄송하기 짝이 없는 표현입니다. 그러니 이렇게 해야 합니다.

"하나님, 이 예배가 시종일관 성령과 진리 가운데 드려지도록 저희를 붙들어 도와주시옵소서. 그리하여 이 예배를 통해 하나님만 마음껏 영광 받으시옵소서."

한편 이런 표현도 더러 만납니다. "예배의 시종일관을 맡깁니다." 하지만 이 말은 문제가 있습니다. '시종일관'은 이렇게 쓰는 말이 아닙니다. "그 사람은 침묵으로 시종일관하였다." 이렇게 쓰면 맞습니다. 시종일관 자체가 동사입니다. '처음부터 끝까지 하나같이 어떤 일을 한다'는 말입니다. 그러니 예배 때 굳이 이 말을 쓰려면 다음과 같이 써야 합니다.

"이 예배에서 저희가 오직 성령과 진리로 시종일관하게 도와주시옵소서."

14. 예수/예수님/성령/성령님

우리말의 특징 가운데 하나가 존대법이 발달해 있다는 점입니다. 윗분을 부를 때는 이름이나 호칭 뒤에 '님'을 붙입니다.

그런데 '예수님'이라 해야 할 때 '예수'라 하고, '성령님'이라 할 때 '성령'으로 표현하는 경우가 많아 마음이 편치 않습니다. 특히 찬송가 가사에 그런 게 많습니다. "예수 나를 위하여 십자가를 질 때", "성령 받으라 성령 받으라" 등의 표현이 그렇습니다. 전혀 존대하는 느낌이 없어 송구스럽습니다. '성령' 같은 표현은 성령님을 인격적인 존재라기보다 무슨 사물 같은 것으로 오인하게 할 가능성도 있습니다.

15. 신앙고백을 눈 감고 하기

사도신경은 신앙고백문입니다. 원래는 문답 형식이었습니다. 세례받는 사람을 앞에 두고 신앙을 확인하는 순서에도 들어 있었습니다. 그러기에 외국에서는 눈을 뜬 채로 고백하거나 암송 또는 낭송합니다.

우리나라에서 눈을 감고 신앙고백하는 것은, 19세기 말 우리나라에 들어와 복음을 전한 청교도 계통 선교사들이 그렇게 훈련시킨 결과입니다. 이 전통도 그것대로의 의미가 있으니 무시할 것은 아니지만, 반드시 눈을 감아야만 하는 것으로 생각해도 안 될 일입니다.

16. 작은 정성으로 드린 헌금

사람들이 봉헌기도 중에 종종 쓰는 표현이 있습니다.

“우리가 작은 정성으로 드린 이 헌금”

이 표현은 문제가 있습니다. 하나님 앞에서의 겸손한 마음을 나타내려 했겠지만, 적절하지 않습니다. 드린 게 적더라도 정성껏 드릴 때 하나님은 기쁘게 받아주십니다. 그러므로 ‘정성을 다하여’, ‘정성을 담아’ 또는 ‘정성을 모두어’라고 표현하는 것이 바람직합니다.

‘정성’의 사전적 풀이는 ‘온갖 힘을 다하려는 참되고 성실한 마음’입니다. 따라서 정성이라는 말은 자연히 ‘정성을 다하다’, ‘정성을 들이다’,

'정성이 지극하다', '정성이 갸륵하다'와 같이 쓰입니다. 정성에 '다하다', '들이다', '지극하다', '갸륵하다'와 같은 말이 붙는 것은 정성이 '온갖 힘을 다하려는' 참되고 성실한 마음이기 때문입니다. 그러기에 '지극한 정성', '갸륵한 정성' 등으로 쓰이는 것은 무난합니다. 하지만 이와 상반되는 '적은 정성', '미미한 정성'이나 '보잘것없는 정성' 등으로 쓰이는 것은 적절하지 않습니다.

17. 미처 간구하지 못한 것까지

"미처 간구하지 못한 것까지 다 이루어 주옵소서." 기도 마무리에 이따금씩 하는 말입니다. 여러 가지 제목을 들어 기도했으나 미처 언급하지 못한 것도 있을 테니 하나님께서 그것까지 들어주시라는 요청입니다.

그리 바람직하지 않은 표현입니다. 군더더기에 불과하기 때문입니다. 대표기도를 할 때는 주어진 시간 안에 비교적 더 긴요한 것만 골라 구체적으로 아뢰면 됩니다. 아뢰지 않은 것까지 다 이루어 달라니 얼마나 막연한 말입니까! 물론 하나님은 우리가 아뢰기 전에 이미 우리에게 있어야 할 것이 무엇인지 알고 계시는 분이지만 말입니다.

18. 하나님, 책임져주시기 바랍니다

대화할 때 상대방에게 "책임을 지라"고 말한다는 것은 사후에 책임을 추궁하겠다는 뜻입니다. 그러니 이 말은 아무 때나 할 수 있는 게 아닙니다.

하물며 하나님께는 이런 말을 쓸 수 없습니다. 하나님께 책임 추궁이란 있을 수 없기 때문입니다. 따라서 기도 중에 "하나님, 책임져주시기 바랍니다"와 같은 말은 쓰지 말아야 합니다. 아주 초신자의 기도라면 몰라도 성숙한 신자의 기도라고 하기는 어려우니까요.

하나님은 선하신 분입니다. 항상 우리를 가장 좋은 길로 섭리하고 인도하시는 분입니다. 우리는 그렇게 믿고 기도하며 살아야 합니다. 우리는 하나님의 피조물이기에 어떤 경우라도 하나님께 책임을 추궁할 수는 없습니다. 우리에게는 신뢰와 간구와 순종만 있을 따름입니다.

19. 감사와 찬양과 영광을 돌려 드립니다

기도 중에 "하나님께 감사와 찬양과 영광을 돌려 드립니다"라는 표현을 이따금 하는데, 이는 일부 부적절합니다.

감사는 받은 은혜를 생각하면서 우리가 하나님께 드리는 것입니다. 찬양도 감사처럼 '찬양', '찬양하다', '찬양(을) 드리다' 등 우리가 하나님께 드리는 것으로만 쓰입니다. 감사와 찬양이 이처럼 하나님께 감사하고 하나님을 찬양하는 것으로만 사용되는 데 반해, 영광은 좀 다릅니다.

영광은 본래 하나님께 속한 것입니다. 즉, 하나님의 근본적인 성격 또는 그것이 드러날 때 사용하는 표현입니다. 영광은 우리가 하나님께 드려서 이루어지거나 나타나는 것이 아닙니다. 본래부터 하나님의 속성에 속하기 때문입니다. 또한 우리는 본래 하나님께 영광을 드릴 수 있는 존재가 아닙니다. 영광이 본래부터 하나님께 속한 것이기 때문입니다.

“여호와는 모든 나라보다 높으시며 그의 영광은 하늘보다 높으시도다”(시 113:4).

“그들이 여호와의 도를 노래할 것은 여호와의 영광이 크심이니이다”(시 138:5).

이처럼 감사와 찬양과 영광의 성격을 규명하고 보면 이들을 함께 묶어 하나님께 ‘돌려 드린다’고 하는 것은 맞지 않습니다.

“감사와 찬양을 드리며, 영광을 돌려 드립니다.”

이렇게 하는 것이 올바른 표현입니다.

20. 지금은 예배를 시작하는 시간이오니

대표기도 인도하는 사람이 흔히 기도 마무리 단계에서 “지금은 예배를 시작하는 시간이오니”라고 말하곤 합니다.

이미 묵도에서 시작하여 예배가 진행된 지 한참 지났는데도 그렇게 말하는 것입니다. 그렇다면 앞에 진행한 찬양이니 기원이니 교독문 낭독이니 신앙고백이니 하는 순서는 예배 순서가 아니고 무엇이란 말인가요? 준비였다는 말인가요? 따라서 “지금은 예배를 시작하는 시간이오니”라는 말은 부적절한 표현입니다.

21. 주님의 이름으로 '기도드렸습니다'

기도를 마무리하면서, "주님의 이름으로 기도드렸습니다"라고 표현하는 경우가 있습니다. 이때는 "예수님의 이름으로 기도합니다"가 옳습니다.

'주님'이라는 표현은 원칙상 삼위일체 하나님을 의미하는 말이기도 하기 때문에 조심해서 써야 합니다. 특히 기도할 때 하나님 대신 주님이라고 부르면서 시작했다면 끝낼 때는 절대로 "주님의 이름으로 기도합니다"라고 해서는 안 됩니다. 주님께 주님의 이름으로 기도하는 셈이 되어 아주 이상스러워지기 때문입니다.

'기도드렸습니다'라는 표현도 문제가 있습니다. 논리적으로 볼 때 기도를 끝내는 시점에서 1초라도 이전에 발설된 말은 모두 과거형이 되기는 합니다. 하지만 기도는 예배 중에 하는 것이며, 예배는 시작하여 마치는 순간까지 모두 현존하시는 하나님 앞에서 행하는 인간의 현재적 행위입니다. 그러므로 과거형 어미를 사용하는 것은 옳지 않으며 '기도합니다'와 같은 현재형 어미를 쓰는 게 적절합니다. '기도드립니다' 또는 '기도합니다'로 해야 자연스럽습니다. 영어에서도 현재 시제로 "In Jesus' name we pray"라고 표현합니다.

사람에게 무엇을 부탁할 때도 "부탁합니다"라고 하지 "부탁했습니다"라고 하지는 않습니다. 하나님과의 대화인 기도도 마찬가지입니다.

22. 이 모든 말씀, 예수님 이름으로 기도합니다

"이 모든 말씀, 예수님 이름으로 기도합니다."

긴 기도 끝에는 이런 마무리가 자연스럽습니다. 하지만 아주 짤막한 기도를 드리고 나서도 늘 이렇게 마무리하는 분이 있습니다. 비공식 예배 자리에서 감사와 간구를 포함하여 두서너 가지에 불과한 기도(간구는 하나 정도)를 드리고 나서, '이 모든 말씀'이라고 하는 것은 어색합니다.

23. 예수님 이름 받들어 기도합니다

더러 기도를 마무리하면서 "예수님 이름 받들어 기도합니다"라고 하는 경우가 있는데, 올바른 형태는 "예수님 이름으로 기도합니다"입니다. 중보자인 예수님 이름으로, 즉 예수님 명의로 기도한다는 뜻입니다.

"예수님 이름 받들어 기도합니다"에는 예수님 이름을 높인다는 뜻만 들어 있을 뿐, 그 속에 '예수님 명의로'라는 의미가 들어 있지는 않습니다. '받들다'는 '(…을/…으로) 공경하여 모시다' 또는 '소중히 대하다', '가르침, 명령, 의도 따위를 소중히 여기고 마음속으로 따르다'라는 뜻으로 쓰이는 말입니다. 예컨대 "부모님의 유지를 받들어 재산을 사회에 환원했다", "국민의 뜻을 받들어서" 등과 같이 사용합니다.

요한복음 15:16에서 예수님은 말씀하셨습니다. "내 이름으로 아버지께 무엇을 구하든지 다 받게 하려 함이라." 이 교훈에 따라 우리는 우리 이름이 아니라 예수님 이름으로 하나님께 아뢸 때 하나님께서 우리 기도를 들어 주신다는 믿음을 가지고 기도합니다. '예수님 이름으로'라는 말을 달리 말하면 '예수님 명의로'가 됩니다. 영어로는 "In Jesus' name"(예수님 이름으로)입니다. 기도를 죄인인 우리가 직접 하나님께 아뢰는 것이 아니라, 하나님과 우리를 화해시키시는 중보자 예수님 이름으로, 즉 예수님 명의로 하나님께 올려야 합니다.

24. …해주시옵고, 예수님 이름으로 기도합니다

간혹 기도 마무리 단계에서 말을 하다가 마는 느낌을 주는 경우가 있습니다. 예를 들면 다음과 같은 형태입니다.

"…해주시옵고, 예수님 이름으로 기도합니다."

기도 마무리에서 "예수님 이름으로 기도합니다"라고 하는 대목은 그 앞에서 진술한 모든 내용을 받아 종결하는 부분입니다. 따라서 다음과 같이 해야 정상적입니다.

"…해주시옵소서. 예수님 이름으로 기도합니다."

"끝으로 …해주시기를 원하오며, 이 모든 말씀 예수님 이름으로 기도합니다."

"…해주시옵소서. 예수님 이름으로 기도합니다."

25. 기도 잘하셨습니다

우리는 기도의 우열을 가려서는 안 됩니다. 기도를 받는 분은 하나님이시기 때문입니다. 그러므로 기도한 사람에게 이렇게 말하는 것은 적절하지 않습니다.

"오늘 기도 잘하셨습니다."

이것은 목사님의 설교에 대하여 "설교 잘하셨습니다"라고 하는 것과 마찬가지입니다. "설교에 은혜 많이 받았습니다"라고 해야 자연스럽습니다.

기도는 하나님과 성도 간의 교제이고 대화입니다. 성도는 하나님께 예수님의 이름으로 찬양과 경배, 감사, 죄의 회개를 드리며, 하나님은 성도의 간구를 듣고 말씀하시고 당신의 뜻을 보여 주며 응답하십니다. 기도는 성도의 영적 호흡이자 하나님 자녀들만의 특권입니다.

"기도 잘하셨습니다"라는 말은 보통, 기도를 논리적이고 충실한 내용으로 적당한 시간 안에 차분하고 침착하게 했다는 의미일 것입니다. 그런 기도가 과연 '잘한 기도'일까요? 꼭 그렇다고만은 할 수 없습니다.

정말 잘한 기도는 어떤 기도일까요? 비록 어눌하고 논리에 맞지 못하며, 때로는 너무 길거나 짧게 몹시 두려워 떨면서 드린 기도일지라도, 그 기도가 하늘 보좌를 움직일 수도 있습니다. 하나님의 응답을 받음과 동시에 머리 숙인 온 성도들도 흡족한 은총 속에 기쁨의 눈물이 솟을 수 있는 기도가 이루어졌다면, 이런 기도야말로 진정 잘한 기도일 것입니다.

교회에서 쓰는 말 바로잡기

설교할 때 쓰는 말

1. 목사가 자기를 '○○○ 목사', 아내를 '사모'라고 하기

자신을 '○○○ 목사', '○○○ 장로(권사, 집사) 등으로 칭하는 분이 의외로 많습니다. 이분들은 다른 사람에게 자기를 소개할 때에도 '이○○ 목사입니다' 또는 '김○○(권사, 집사)입니다'라고 하는데요, 적절한 표현이 아닙니다.

남을 높일 때는 직명을 뒤에 쓰는 게 예의지만, 자신을 지칭할 때 그렇게 하면 자신을 스스로 높이는 것이 되어 실례입니다. 남 앞에서 자신을 소개하면서 직명을 밝힐 필요가 있을 때는 '목사(전도사) 이○○', '장로(권사, 집사) 김○○'라고 해야 자기를 낮추는 겸손한 표현이 됩니다. 상대방이 나의 직분을 이미 안다면 직명을 생략하고 이름만 말해도 됩니다. 이를 지키지 않으면 교만한 사람으로 인식되기 쉽습니다.

한편 '사모'(師母)는 스승의 부인을 가리키는 말입니다. 우러러 존경하는 스승을 아버지에 비겨 '사부'(師父)라 하고 스승의 부인을 어머니에 비겨 '사모'라고 하는 것입니다. 그래서 기독교인들은 목사나 전도사의 부인을 '사모님'이라고 부릅니다. 목사나 전도사는 신앙적으로 스승 격이니 나이의 많고 적음에 관계없이 그분의 부인을 '사모님'이라 부르는 것은 적절합니다. 그런데 언제부터인가 '사모'라는 말이 '목사의 부인을 가리키는 말'이라도 된 양 잘못 쓰이고 있습니다. 그래서 목사가 다른 사람에게 자기 아내를 소개하면서 "제 사모입니다"라고 하는 식으로 '사모'라는 말을 예사로 쓰고 있습니다. 이는 부적절한 표현이므로 "제 아내(내자, 안식구)입니다"로 고쳐 쓰는 것이 좋습니다.

2. '할렐루야'와 '아멘'은 필요한 때만 써야

할렐루야(hallelujah)의 'hallelu'는 '찬미하다'의 명령형이고, 'jah'는 '야웨'(yahweh)의 준말로 '여호와'를 의미합니다. 따라서 '할렐루야'는 '야웨를 찬양하라'라는 뜻입니다. 시편에서 많이 쓴 '할렐루야'는 문맥으로 보아 '야웨를 찬양하라'라는 명령형의 말입니다. 할렐루야는 하나님을 찬양하라는 말이지, 사람 사이에 하는 인사가 아닙니다. 그러므로 오랜만에 만난 교우끼리 인사말로 "할렐루야"라고 하거나, 새로 나온 교우를 소개하거나 강사 목사님을 소개할 때 "할렐루야"라고 하는 것은 적절하지 않습니다. 굳이 이스라엘 말로 인사하려면 "샬롬"이라고 하는 것이 좋을 것입니다. 인사말로 하는 할렐루야는 "안녕하십니까", "반갑습니다", "환영합니다"로 바꿔 쓰는 것이 좋습니다.

또한 설교하면서 방금 한 말을 강조하는 뜻에서 "할렐루야"라고 말하거나, 그 내용을 확인하는 뜻에서 교우들에게 "할렐루야"로 화답하게끔 하기도 하는데, 말한 내용을 강조하거나 확인하는 '구호'(口號)로서 '할렐루야'라는 말을 사용하는 것도 적절하다 할 수 없습니다.

교회 회의에서 출석을 확인할 때 "아멘"이라고 대답하는 것도 적절치 않습니다. 아멘(amen)은 '확실하다', '확실히', '진실한', '진실', '참으로', '참으로 그렇게 되기 바랍니다'라는 뜻의 이스라엘 말입니다. 표준국어대사전에는 "기도나 찬송 또는 설교 끝에 그 내용에 동의하거나 그것이 이루어지기를 바란다는 뜻으로 하는 말"이라고 적혀 있습니다. 그러므로 출석을 부를 때 "예" 대신 "아멘"이라고 하거나, 설교 내용의 확인 또는 주의 집중을 위해 "아멘" 하라고 하는 것은 적절하지 않습니다. 목사님이나 회중을 대표하는 분의 기도, 혹은 목사님께서 선포하시는 말씀이 감동적이면 교우들의 입에서 저절로 "아멘" 소리가 흘러나올 것입니다.

3. 설교 중의 축원

설교 중에 "주님의 이름으로 축원합니다"라고 하는 경우가 있습니다. 예배 순서 중 설교는 설교로, 기도는 기도로, 찬송은 찬송으로 일관하는 것이 바람직합니다. 그런데 설교 도중에 "주님의 이름으로 축원합니다"라고 하면 회중을 자극하고 흥분시키면서 "아멘"으로 응답하지 않으면 안 될듯한 분위기를 만들어 설교의 질서를 문란케 하고 기복 사상을 조장할 우려가 있습니다.

설교란 글자 그대로 기독교 교리를 설명하거나 가르치는 예배 순서 중 하나입니다. 기독교 교리는 성경 말씀에서 나온 것이기 때문에, 설교 시간에는 으레 성경 말씀을 가지고 그 뜻을 풀이해가면서 말씀을 깨닫고 말씀대로 살 것을 마음속으로 다짐하게 합니다. 설교는 설교자가 직접 교인들에게 기독교의 교리, 즉 하나님의 말씀을 가르치는 것입니다.

전통적인 예배는 질서가 있는 예배이며 그 순서에 흐트러짐이 없는 것이 강점입니다. 기원의 말인 "주님의 이름으로 축원합니다"를 설교에 섞는 것은 바람직하지 않습니다.

4. 정확한 발음이 필요한 낱말들

발음을 정확하게 하지 않으면 의미 전달에 문제가 생기는 경우가 많습니다. 동음이의어가 많아 뜻을 혼동하거나 시제를 제대로 파악하지 못하게 하기 때문입니다. 그 대표적인 사례 몇 가지를 제시합니다.

좇아/쫓아('좇다'는 따르다, '쫓다'는 추격하다 혹은 배제하다)

빚/빗('빚'은 채무, '빗'은 머리 빗는 도구)

낮/낯/낫

맺은/맺는('맺은'은 과거완료형, '맺는'은 현재진행형)

넣은/넣는

잡은/잡는

믿은/믿는

잊고/잃고('잊다'는 망각하다, '잃다'는 상실하다 혹은 분실하다)

나가다/나아가다('나가다'는 밖으로 이동하다 혹은 앞쪽으로 움직이다, '나아가다'는 앞이나 목적하는 방향을 향하여 가다)

회개/회계

5. 요나가 고래 뱃속에

성경에는 "큰 물고기"라고만 적혀 있습니다. 그런데 이것을 자기 식으로 해석해서 고래로 한정하는 것은 무의식적인 성경 왜곡입니다.

6. "네 시작은 미약하였으나 네 나중은 심히 창대하리라"

"네 시작은 미약하였으나 네 나중은 심히 창대하리라"(욥 8:7).

이 말은 성경에 기록되어 있기는 하지만 하나님이 하신 말씀은 아닙니다. 욥의 친구인 빌닷이 한 말이지요. 빌닷이 고난받는 욥을 윽박지르면서, 죄 때문에 그런 것이니 회개하라며 한 말입니다.

그런데도 많은 사람이 이를 하나님이 하신 말씀으로 오해하고 있습니다. 그런 오해 아래에서 설교도 하고 글도 쓰고 기도도 합니다. 가정에도 회사에도 이 구절을 걸어놓고 좋아합니다. 성경에 있는 말씀인 것은 분명하지만, 하나님이 직접 하신 말씀으로 이해하는 것은 잘못입니다.

7. 제사, 제단, 제물, 성전

앞에서 언급한 바와 같이 제사, 제단, 제물, 성전 등의 용어는 모두 구약적인 용어입니다. 지금은 신약 시대입니다. 아래와 같이 바꿔 표현하는 게 좋습니다.

제사 → 예배

제단 → 강단

제물 → 예물

성전 → 예배당(교회당)

8. 엘리아/예레미아

엘리아와 엘리야, 예레미아와 예레미야. 어느 게 맞을까요? 엘리야, 예레미야가 맞습니다. '야'가 이스라엘 말로 '야웨'(하나님)이므로 바르게 발음하고 적어야 합니다.

9. 마가의 다락방

오순절 성령 강림의 현장을 마가의 다락방으로들 말하곤 하는데 잘못입니다. 사도행전에는 단순히 "다락방"(행 1:13) 혹은 "한 곳"(행 2:1)이란 표현만 등장합니다. 기도 장소와 마가의 이름이 결부된 것과 관련해서는 '마가라 하는 요한의 어머니 마리아의 다락방'이 정확한 표현입니다. 사도행전 12:12에 이렇게 기록되어 있기 때문입니다. "마가라 하는 요한의 어머니 마리아의 집에 가니 여러 사람이 거기에 모여 기도하고 있더라."

10. 제 부인(사모)입니다

부인은 다른 사람의 아내를 높여서 부르는 말입니다. 자신의 아내를 부인이라고 하면 안 됩니다. 사모는 스승의 부인을 높여서 일컫는 말입니다. 자기 아내를 사모라고 하면 안 됩니다.

'집사람'이나 '아내'라고 해야 합니다. 부모님이나 어른 앞에서는 '처'

라고 합니다. 전통 예절은 그렇습니다.

11. 아멘 유도

아멘은 '동의합니다', '진실로 그렇습니다' 등의 뜻을 지닌 이스라엘 말입니다. 설교 시간에 회중들이 설교 말씀에 감동을 받으면 판소리 추임새처럼 곧잘 아멘으로 화답하곤 합니다. 자연스러운 아멘일 경우라면 피차에 은혜스러운 일입니다.

그런데 왕왕 부자연스러운 경우도 있어서 문제입니다. 설교자가 아멘을 유도하는 경우가 그렇습니다. 심지어 아멘이 없거나 소리가 작으면 나무라기도 합니다. 아멘은 억지로 될 일이 아닙니다. 감동을 받으면 아멘 하지 말라고 해도 합니다. 아멘이 나올 만한 설교를 준비하면 됩니다. 나무랄 문제가 아닙니다.

12. 되어지다

한번은 조찬 기도회에 참석했습니다. 거기서 어느 목사님이 설교하시는데 이런 표현이 아주 빈번하게 들려왔습니다.

"유익함이 되어지기를"

"되어질 수 있기를"

"하나가 되어져서"

영어를 직역하는 듯한 느낌이 들었습니다. 분명히 한국 목사님인데 이토록 우리말답지 않은 언어를 구사하다니, 외국에서 유학한 탓일까요? 아니면 우리말 감각이 둔해서일까요? 아무튼 이것은 이중피동으로 잘못된 표현입니다.

"유익하기를"

"되기를(될 수 있기를)"

"하나가 되어서"

이러면 충분하고, 더 자연스럽기도 합니다.

13. 유향/유황

동방박사들이 예수님께 드린 선물 가운데 유향(乳香)이 있습니다. 유향은 향료의 한 종류인데, 간혹 이를 '유황'으로 잘못 발음하기도 합니다.

유향은 유향 나무의 줄기에 상처를 낸 다음 채취한 수지(樹脂)로서 약재와 향료로 쓰이지만, 유황(硫黃)은 비금속 원소로서 성냥이나 화약 만드는 재료이니 전혀 다릅니다. 유황은 위험 물질이므로 선물하면 결례겠죠.

14. …을 인하여 감사

말할 때, 특히 기도할 때 "…을 인하여 감사하나이다"라고 말하는 경우가 있으나 부자연스럽습니다. 글로 쓸 때는 괜찮을 수 있지만 말로 할 때는 "…때문에 감사합니다", "…을 해 주셔서 감사합니다"라고 표현하는 게 좋습니다.

전자를 일컬어 문어체적 표현이라고 합니다. 우리가 오랫동안 사용해 온 개역한글판 성경에 문어체적인 표현이 상당히 많다 보니 그 영향을 받은 결과로 보입니다. 기도는 하나님과의 대화이며, 대표기도의 경우 다른 신자들과 공유하는 것이기에 자연스러운 것이 좋습니다. 아버지 되시는 우리 하나님께서도 자연스럽고 친근하게 기도하는 것을 더 원하지 않으실까요?

15. 네 영혼이 잘 됨 같이

"사랑하는 자여! 네 영혼이 잘 됨 같이 네가 범사에 잘되고 강건하기를 내가 간구하노라"(요삼 1:2).

이는 소위 삼중축복론의 근거로 사용되는 본문입니다. 우리가 예수님을 믿어 구원받아 영혼이 잘 되고 모든 일이 잘 되며 육체적으로 건강해지는 복을 받는다는 해석이지요. 영혼이 잘 되는 복을 받으면 자동으로 나머지 두 가지 복(다분히 현세적인 복!)을 받는다는 것이지요. 참 솔깃해지는 말입니다.

하지만 이 대목은 편지의 발신자인 사도 요한이 수신자인 가이오를 향해 '네가 그렇게 되었으면 좋겠다, 그러기를 바란다'라는 뜻으로 쓴 것이지, '네 영혼이 잘 되었으니 자동으로 범사에 잘되고 몸도 건강해질 것'이라고 선언한 게 아닙니다.

성경 주석 가운데 믿음직하다고 소문난 『국제성서주석』을 보면 이는 그 당시의 공식적인 표현이었다고 합니다. 수신자들의 행복과 건강을 비는 공식적인 소원의 말이었다는 것이지요. 그 책의 설명을 그대로 인용하자면 다음과 같습니다.

> "이와 같은 소원은 옛날의 개인 서신의 서두에서 흔히 볼 수 있다.…기도를 가리키는 것은 아니고 오히려 전형적인 서신 문체에 일치되는 소원이다."[1]

한마디로 편지 쓸 때 누구나 의례적으로 했던 말을, 하나님의 말씀, 약속의 말씀으로 과잉 해석했던 것이지요.

16. '말라기'의 발음

구약성경 마지막 책의 제목은 '말라기'(Malachi)입니다. 그런데 이상하게도 이것을 '말라끼'라고 발음하는 분들이 있습니다. 아마 '출애굽기, 룻기, 욥

---

1 Rudolf Karl Bultmann, *Die drei Johannesbriefe*, Erklärt Von Martin Dibelius, *Die Pastoralbriefe*, 김득중 역, 『국제성서주석44: 요한서신·목회서신』(서울: 한국신학연구소, 1983), 146-147.

기'의 영향이 아닌가 합니다.

이는 잘못입니다. '출애굽기, 룻기, 욥기'의 '기'는 '기록할 기'(記)자라서 각각 '출애굽에 대한 기록', '룻에 대한 기록', '욥에 대한 기록'이라는 뜻이 되며, 앞의 받침(ㄱ, ㄷ, ㅂ)에 따라 된소리되기에 의해 '끼'로 발음됩니다. 그러나 애초에 '말라기'는 '말라'에 대한 기록이 아니라 그 자체가 사람 이름입니다(설사 '말라에 대한 기록'이었다고 해도 된소리되기에 해당하지 않습니다).

예식에서 쓰는 말

1. 보혈의 피

성찬식을 집례할 때 '보혈의 피'라는 표현을 쓰곤 하는데, 이는 '역전 앞' 같은 중복 표현입니다.

'보배로운 피' 또는 '보혈'이라고 해야 정확한 표현입니다. '보혈의 피'는 '보배로운 피의 피'가 되기 때문입니다. 이는 동어 반복, 의미 중첩입니다.

2. ○○○가 소천하셨습니다

누군가가 작고했을 때 이를 알리는 말로 "○○○가 소천하셨습니다"라는 표현을 많이 합니다. 그런데 '소천'(召天)은 표준국어대사전에는 없는 말입니다. 일반적으로 '하늘로 부름'이라는 뜻으로 인식하고 쓰는데, 그렇다면 "소천을 받았다"라고 해야겠지요.

누구나 아는 표현으로 "별세하셨습니다"라고 하든지, "하나님의 부름을 받으셨습니다"(소천을 받으셨습니다)라고 하는 게 좋습니다.

3. 미망인

남편과 사별한 여성을 부르는 말이 미망인(未亡人)입니다. 전통적으로 써오던 이 말은 본래 전근대적이고 가부장적인 말입니다. 글자 뜻 그대로

‘마땅히 따라 죽었어야 하나 아직도 안 죽고 살아있는 사람’이라는 의미를 담은 말이기 때문입니다. 아주 고약한 말이지요. 남편이 죽으면 따라 죽는 풍습마저 있던 과거에 만들어진 단어입니다.

오늘날에는 더 이상 이런 말을 쓰면 안 되며, ‘부인’이나 ‘유족’ 등으로 바꿔 표현해야 합니다.

4. 문상 언어

문상 갔을 때는 상주에게 어떤 말로 위로하는 것이 좋을까요? 문상 예절만이 아니라 모든 예절의 근본이 자연스러운 정의 표출이라는 점을 생각하면 풀리는 문제입니다. 슬픔을 함께하려는 마음이 중요하지 미사여구는 부차적입니다.

“얼마나 애통하십니까?”
“무슨 말씀을 드려야 할지 모르겠습니다.”
“어떤 위로의 말씀을 드려야 할지 모르겠습니다.”
“주님의 위로를 빕니다.”
“하나님의 위로를 받으시길 바랍니다.”

이런 말을 진심을 담아 작게 말하면서 손을 꼭 잡아주는 정도가 좋습니다. 아무 말 없이 애도의 눈빛으로 손만 잡아주어도 좋습니다. 조화를 보낼 때는 ‘고인의 명복을 빕니다’보다는 ‘삼가 애도의 뜻을 표합니다’라는 표현이 좋습니다.

전통적인 영혼관 및 내세관과 기독교의 조화를 위해 고민할 필요가 있다고 봅니다. 그래야 각각의 정체성이 드러나면서 우리 문화가 좀 더 풍부해질 테니까요.

5. 영결식(永訣式)

장례식을 '영결식'(永訣式)이라고들 표현하는데, 이 말의 뜻을 풀어보면 '영원히 이별하는 의식'입니다.

이는 죽음을 잠시 동안 잠자는 것으로 믿는 부활 신앙과 어울리지 않습니다. 그러므로 '고별식'이나 '장례예식' 정도로 표현하는 게 좋습니다. '천국 환송식'이라고 하자는 주장도 있지만 아직은 거부감이 있는 듯합니다.

6. 추도식

유교식 제사를 대체한 기독교인 가정의 추모 의식을 '추도식'(追悼式)이나 '추도예배'라고 부르곤 합니다. 그런데 '추도'라는 말에는 애도한다는 뜻이 들어 있어 죽음을 천국행으로 여기는 기독교 신앙과는 거리가 느껴집니다.

'추모식'(追慕式)이라는 표현이 가장 좋습니다. '고인을 추억하며 그리워하는 의식'이기 때문이지요. 이것이야말로 기독교 신앙의 특징을 반영하는 명칭이라 하겠습니다.

7. 영면(永眠)하다/영결(永訣)/유명(幽明)을 달리하다/타계(他界)하다

죽음을 표현하는 말이 여럿입니다. '영면(永眠)하다/영결(永訣)/유명(幽明)을 달리하다/타계(他界)하다' 등이 그것입니다.

'영면(永眠)하다'는 영원히 잠들었다는 말로서, 부활을 교리로 믿는 기독교 신앙과는 거리가 있는 표현입니다. 성경 상으로 보면 우리가 죽는 것은 잠시 잠드는 것일 뿐, 영원히 잠자는 것은 아닙니다. 그런 맥락에서 '영결 예배'라는 말에도 문제가 있습니다. 영결이란 영원한 이별이라는 뜻인데, 언젠가 부활하여 다시 만날 것을 믿는 기독교인에게 영결이라는 말은 부자연스럽습니다.

'유명(幽明)을 달리하다', '타계(他界)하다'라는 말은 전래의 저승 관념을 떠올리게 하는 표현들입니다. 우리의 전통적인 관념에서는 죽어서 영원히 사는 곳이 저승이었습니다. 그곳은 지옥이나 천당의 분리가 이루어지지 않은, 막연한 의미의 저세상일 뿐입니다. 유명을 달리했다거나 타계하였다는 말은 그런 곳으로 옮겨갔다는 뜻입니다. 하지만 성경 상으로 보자면 우리가 죽어서 가는 곳은 낯선 곳이라기보다 창조주 하나님의 품이며 우리의 본향입니다. 떠나왔던 곳으로 되돌아가는 것이 기독교에서 말하는 죽음입니다.

상가(喪家)에서 흔히 쓰는 "고인의 명복을 빕니다"라는 표현도 지양해야 합니다. 어두운 저승세계에서 복되게 살라는 말이기 때문입니다. 이는 영원무궁한 나라에서의 삶을 믿는 기독교인에게 맞지 않는 어색한 표현입니다. 죽는 순간 가야 할 곳이 확정되는 것으로 믿는 기독교인이라면 고인을 위해 기도할 것이 전혀 없고, 할 일은 오로지 유족에 대한 위로뿐이기에 더욱더 이 말은 부자연스럽습니다.

8. 삼우제

전통 제례에서 하관 및 성분이 끝난 뒤 묘소를 돌아보면서 음식을 차려 놓고 제사 지내는 일을 가리키는 말들이 있습니다. 첫날은 초우제(初虞祭), 초우제 지낸 뒤 처음 맞는 유일(柔日)에 지내는 것을 재우제(再虞祭), 재우제 뒤의 첫 강일(剛日)에 지내는 것을 삼우제(三虞祭)라 하였습니다. 오늘날에 와서는 장사 지낸 후 3일째 되는 날 삼우제만 지내고 있습니다. 흔히들 '삼오제'라고 잘못 쓰는 경우가 많습니다.

그러나 그리스도인은 무덤을 쓰고 나서 음식을 차려 놓고 초우제나 재우제를 지내지 않습니다. 삼우제를 지내던 3일째 되는 날, 처음으로 묘소를 살피기 위해 갈 뿐입니다. 그러므로 '삼우제'라는 말 대신 '첫 성묘'라는 말로 표현하는 것이 좋습니다.

9. 자벽(自辟)

'자벽'이라는 말은 교회 회의에서 쓰는 말로서, 표준국어대사전의 풀이는 다음과 같습니다.

1. 회의에서, 회장이 자기 마음대로 임원을 임명함.
2. 장관이 자기 마음대로 사람을 뽑아 벼슬을 시키던 일. 또는 그 벼슬.

그러나 이것은 요즘 쓰기에 너무 어려운 말이므로, '지명', '임명'으로 바꾸는 게 좋습니다.

10. 당회장

담임목사를 당회장이나 당회장 목사라고 지칭하는 경우가 많습니다. 당회장이란 말은 교회에서 모이는 회의 중 당회의 의장을 일컫는 말입니다.

그러므로 회의 석상이 아닌 경우 담임목사로 표현하면 족합니다. 당회장이라는 호칭을 아무 때나 쓰는 것이 맞는다면 '당회 서기'인 장로는 장로라는 호칭 대신 '당회 서기'라 불러야 할 것입니다.

11. 어느 교회 임직 및 은퇴 감사 예배에서 쓰인 표현들의 문제점

1) 기원(담임목사): 이 예배가 하나님께 영광이 되고→이 예배로 하나님께 영광을 돌리고
2) 만군의 사랑하시는 하나님→저희를 사랑하시는 만군의 하나님(사

랑하옵는 만군의 하나님)

3) 당신의 종들 머리 위에→주님의 종들 머리 위에

4) 하나님의 몸 된 교회→주님의 몸인 교회

5) 주님 기뻐하시는 일을 나타내게 해주옵소서→주님이 기뻐하시는 일을 하게 해주옵소서

6) 성경봉독(노회부 서기): 20절 이하에서 23절까지→20절에서 23절까지

7) 오늘 본문은 바울 사도가 밀레도에서 장로님들을 모여놓고 하신 말씀입니다→모아놓고

8) 집사들의 자격을 명기되어 있는→집사들의 자격이 명기되어 있는

9) 기념패 증정(담임목사): ○○년 ○월 ○일 ○○교회 담임 ○○○ 목사→○○년 ○월 ○일 ○○교회 담임목사 ○○○

10) 광고(임직자 대표 ○○○ 장로): 진심한 감사를 드립니다→진심으로 감사드립니다.

11) 참석해주심도 감사→참석해주셔서 감사(참석해주신 데 대하여 감사)

12) 많은 감회를 느낍니다→감회가 많습니다.

13) 축전 보내주신 분들의 이름은 거론하지 않겠습니다→이름은 일일이 말씀드리지 않겠습니다.

14) 축도: 십자가에서 고통당하시며 우리를 죄악에서 건져주신 예수 그리스도→고통당하심으로써

12. (결혼식에서) 이 예식을 위해서 양가 모친께서 촛불을 밝혀주시겠습니다

"이 예식을 위해서 양가 모친께서 촛불을 밝혀주시겠습니다."

결혼식에서 자주 듣는 말입니다. 어색합니다. 양가 모친이면 예식의 혼주인데, 이들이 혼례를 위해 촛불을 밝혀주다니, 매우 부자연스럽습니다.

"양가 모친의 화촉 점화가 있겠습니다."

이러면 자연스럽습니다.

13. (결혼식에서) 마지막, 이혼

결혼식은 장례식과는 달리 매우 좋은 예식입니다. 전통적인 용어로는 길례(吉禮)입니다. 이렇게 좋은 날에는 좋은 말만 해야 합니다. 그래서 본래 상 당한 사람, 즉 초상 중에 있는 사람은 남의 결혼식에 가지도 않았습니다. 그게 우리 전통입니다.

이렇게 좋은 날에 금해야 할 말들이 있습니다. '마지막'이니 '이혼'이니 하는 말이 그것입니다. 목사님들의 주례사를 듣다가 소스라치게 놀라는 대목이 이것입니다.

주례사를 마치면서 '끝으로'라고 표현하면 충분할 텐데 '마지막으로'라고 말하는 경우가 많은데 듣기 거북합니다. '마지막'이라는 말은 정말

아꼈다가 '세상 마지막 날'이라는 말을 할 때라든지, 더 적실하게 어울릴 때 사용하는 게 좋겠습니다. 특히 성경에 익숙한 기독교인들에게 '마지막'은 주님의 재림이나 마지막 심판 등 다분히 종말론적인 연상을 하게 하는 말이니 조심했으면 합니다. '마지막'을 남용하면 정말로 마지막에 대한 메시지를 전할 때 무감각해질 수도 있습니다.

또 하나, 그냥 행복하게 살라고 하면 될 일인데, 그런 긍정적인 말을 해주기에도 모자라는 그 시간에, 굳이 "우리나라는 세계에서 이혼율이 1등"이라는 이야기를 왜 하는지 알다가도 모를 일입니다. 물론 경각심을 불러일으키기 위한 마음에서 하는 이야기겠지만 그런 것은 설교 시간에 할 말이지 결혼식의 신랑 신부와 하객들 앞에서 할 말은 아니라고 봅니다.

이웃 나라 일본에는 특정한 예식에서 절대로 사용해서는 안 되는 금기어 목록이 만들어져 있다고 합니다. 이런 것은 우리가 본받아야 한다고 생각합니다.

14. (축도에서) …하기를 성부, 성자, 성령의 이름으로 기도하나이다

어느 목사님이 자신이 섬기는 교회 신자의 혼례에서 축도한 내용입니다.

> **"…하기를 성부, 성자, 성령의 이름으로 기도하나이다."**

축도를 기도처럼 해서는 안 됩니다. 축도는 축도답게 해야 합니다.

"…할지어다."

"…하기를 간절히 축원하나이다."

성경에 나오는 축도의 정신과 형식을 존중하여 이렇게 하면 될 일입니다.

교회에서 쓰는 말 바로잡기

찬송·
복음송에서
쓰는
말

1. 찬송가의 어려운 말들(2006년 발행 "새찬송가"를 대상으로 삼음)

찬송가 가사에 나오는 말 가운데 어려운 것들이 있습니다. 한자어, 외래어라 어려운 것도 있고, 순우리말이라도 예전에 쓰던 말이나 동음이의어가 많아 의미 파악이 어려운 것도 있습니다.

찬송이 곡조 있는 기도라면, 가사의 뜻을 정확히 모른 채 부르는 것은 무슨 내용인지도 모르고 기도하는 셈이니 하나님께 결례입니다. 그중 몇 가지의 뜻을 알아보면 다음과 같습니다.

1장 만복의 근원 하나님 온 백성 찬송 드리고
저 천사여 찬송하세 찬송 성부 성자 성령 아멘

아멘: '그렇게 되기를 원합니다', '그 말에 동의합니다'라는 말입니다.

2장 찬양 성부 성자와 성령 성삼위일체께
영원무궁하기까지 영광을 돌리세 영광을 돌리세 아멘

聖三位(성삼위): 성부 성자 성령 세 분 하나님을 일컫는 말입니다.

5장 이 천지간 만물들아 복 주시는 주 여호와
전능 성부 성자 성령 찬송하고 찬송하세 아멘

天地間(천지간): '하늘과 땅 사이'라는 말입니다. '온 세상'을 일컫는 표현입니다.

主(주): '주인', '임금'이라는 말입니다. 하나님을 우리의 '주인'(왕)으로 표현함으로써 우리는 그분의 종(신하, 백성)이라 고백하는 의미를 담고 있습니다. 전통 사회에서 종은 주인의 뜻에 따라 움직였으며 주인의 완전한 소유였습니다.

8장 2. 거룩 거룩 거룩 주의 보좌 앞에
모든 성도 면류관을 벗어드리네
천군 천사 모두 주께 굴복하니 영원히 위에 계신 주로다
4. 거룩 거룩 거룩 전능하신 주님
천지 만물 모두 주를 찬송합니다
거룩 거룩 거룩 전능하신 주님 성삼위일체 우리 주로다 아멘

天軍(천군): '하늘의 군사', 즉 하나님이 부리시는 군사를 의미합니다. 우리나라 역사에서는 천자의 나라인 중국에서 파견된 구원병을 '천군', '천병'(天兵)이라 불렀습니다.

屈伏(굴복): '머리를 숙여 무릎 꿇어 엎드림'이란 뜻입니다. 한편 '屈服'(굴복)은 '힘이 모자라 복종함'이라는 뜻을 지니고 있어 서로 다릅니다.

聖三位一體(성삼위일체): 성부, 성자, 성령 세 분의 하나님이 한 분으로 계신다는 기독교 교리를 나타내는 말입니다.

9장 4. 주 앞에 나올 때 우리 마음 기쁘고
그 말씀 힘 되어 새 희망이 솟는다
고난도 슬픔도 이기게 하시옵고
영원에 잇대어 살아가게 하소서
우리의 자랑과 기쁨 생명의 하나님
우리 예배를 받아주시옵소서 아멘

잇대어: '서로 잇닿게 하여'란 뜻입니다.

26장 2. 주를 알지 못한 이들 주가 친히 인도하사
그의 피로 구속하니 찬송부르세
3. 약한 사람 도움받아 시험 중에 참게 되니
모든 죄를 이길 힘은 믿음뿐이라

救贖(구속): '돈을 지불하고 종의 상태 혹은 죄인의 상태에서 벗어나게 해 줌'을 의미하는 말입니다. 발음이 같은 '拘束'(구속)은 '마음대로 못하게 얽어맴'이라는 뜻을 지닌 전혀 다른 말입니다.
試驗(시험): 여기서는 '테스트'(test)가 아니라 '유혹'(temptation)이라는 뜻을 지닌 말입니다. '테스트'는 '지식이나 재능, 실력 따위를 일정한 절차에 따라 알아보고 평가함'을, '유혹'은 '꾀어서 마음을 현혹하거나 좋지 아니한 길로 이끎'을 의미합니다.

35장 2. 이 백성 기도와 또 예물 드림이

향내와 같으니 곧 받으옵소서
주 예수 크신 복음을 주 예수 크신 복음을
만 백성 듣게 하소서

福音(복음): '복된 소식'이라는 뜻을 지닌 말입니다. 영어로는 'good news'라고 번역되는 말로서, 예수 그리스도만 믿으면 구원을 받기에 기독교의 가르침은 가장 기쁘고 복된 소식임을 나타내는 말입니다.

44장 1. 지난 이레 동안에 예수 인도했으니
주의 전에 모여서 감사 찬송합니다
가장 복된 이 날은 하늘 안식표로다
가장 복된 이 날은 하늘 안식표로다

安息標(안식표): '안식할 수 있도록 보장하는 표'로서 '안식일'을 문학적으로 나타낸 말. 영어 찬송가에는 "emblem of eternal rest"로 되어 있는데 여기서 'emblem'(상징)이 '標'(표)에 해당합니다.

65장 1.내 영혼아 찬양하라 주님 앞에 엎드려
구속하신 넓은 은혜 높이 찬양하여라
할렐루야 할렐루야 영원하신 하나님

할렐루야: '야웨(하나님)를 찬양하라'라는 말입니다.

67장 2. 능력과 은혜 다 찬송하라 그 옷은 햇빛 그 집은 궁창
큰 우레 소리로 주 노하시고 저 푸른 바다는 옷자락이라
3. 저 아름답고 놀라운 일이 가득한 이 땅 다 주의 조화
그 힘찬 명령에 터 잡히나니 저 푸른 바다는 옷자락이라
4. 질그릇같이 연약한 인생 주 의지하여 늘 강건하리
온 백성 지으신 만왕이시니 그 자비 영원히 변함없어라 아멘

穹蒼(궁창): '높고 푸른 하늘'을 가리키는 말입니다.

造化(조화): '천지 만물을 창조하고 주재하는 일'을 가리키는 말입니다. 사람의 힘으로는 어떻게 된 것인지 알 수 없을 만큼 야릇하거나 신통한 일을 일컫기도 합니다. 발음이 같은 '調和'(조화)는 '서로 잘 어울림'이라는 뜻의 다른 말입니다.

强健(강건): '몸이 튼튼하고 굳셈'이라는 말입니다. 발음이 같은 '康健'(강건)은 '건강'의 높임말입니다.

83장 4. 요단 강을 건너가서 시온 성을 향할 때
나와 항상 동행할 이 누굴까
두려움의 검은 구름 모두 헤쳐버리고
나의 갈 길 인도할 이 누굴까

시온: '예루살렘'의 별칭입니다. 신약에서는 '하나님의 도성'을 상징하는 용어로도 사용하고 있습니다.

86장 1. 내가 늘 의지하는 예수 나의 상처 입은 심령을
불쌍하게 여기사 위로하여 주시니 미쁘신 나의 좋은 친구
(후렴) 내가 의지하는 예수 나의 사모하는 친구
나의 기도 들으사 응답하여 주시니 미쁘신 나의 좋은 친구

미쁘신: '믿음성이 있는, 미더운'이라는 뜻을 지닌 말입니다.

95장 5. 나의 진정 사모하는 예수님 음성조차도 반갑고
나의 생명과 나의 참 소망은 오직 주 예수뿐일세 아멘

眞正(진정): '참으로, 바로'라는 부사로 쓰인 말입니다. 발음이 같은 '眞情'(진정)은 '거짓이 없는 참된 정이나 애틋한 마음'으로서 명사로만 쓰입니다.

101장 1. 이새의 뿌리에서 새싹이 돋아나
옛 선지 노래대로 장미꽃 피었다
한 추운 겨울밤 주 탄생하신 이날 거룩한 날이여

先知(선지): '先知者'(선지자)의 준말입니다. '선지자'는 세상일을 남보다 먼저 깨달아 아는 사람입니다. 기독교에서는 '예수가 나기 전에, 예수의 강림과 하나님의 뜻을 예언한 사람'을 가리킵니다.

108장 2. 저 육축 소리에 아기 잠 깨나

그 순하신 예수 우시지 않네
그 귀한 예수를 나 사랑하니
새 날이 밝도록 함께 하소서

六畜(육축): '여섯 가지 가축'을 가리키는 말로서 소, 말, 양, 돼지, 개, 닭을 이릅니다.

112장 3. 이 괴롬 많은 세상에 짐 지고 가는 자
그 험한 준령 넘느라 온몸이 곤하나
이 죄악 세상 살 동안 새 소망 가지고
저 천사 기쁜 찬송을 들으며 쉬어라

峻嶺(준령): '높고 가파른 고개'를 말합니다.

116장 3. 거룩하신 구주께 나는 유향 드리네
만국 백성 찬송 드려 만유 주 섬기세
(후렴) 오 탄일 밤의 밝은 별 아름답고 빛난 별
아기 예수 계신 곳에 우리 인도하여라

乳香(유향): 유향 나무의 줄기에 상처를 낸 다음 채취한 수지(樹脂)로서 약재로 쓰입니다. 비금속 원소로서 성냥이나 화약 만드는 재료인 '유황'(硫黃)과는 전혀 다릅니다.

123장 1. 저 들 밖에 한밤중에 양 틈에 자던 목자들
천사들이 전하여준 주 나신 소식 들었네
(후렴) 노엘 노엘 노엘 노엘 이스라엘 왕이 나셨네

노엘: 프랑스어로 크리스마스 혹은 캐럴을 뜻하는 말로, 라틴어 natalis에서 온 것으로 보입니다.

130장 3. 온 천지만물 성부께 온 성도 모두 성자께
보혜사 성령 힘입어 영원히 찬양합니다 아멘

保惠師(보혜사): 보호하며 은혜를 베풀어주는 스승 같은 분, 즉 '성령님'을 일컫는 말입니다.

132장 2. 하늘이여 땅이여 할렐루야
주의 기사 전하라 할렐루야
만물들아 영원히 할렐루야
서로 화답하여라 할렐루야

奇事(기사): '기이한 일'이라는 말입니다. 발음이 같은 '記事'(기사)는 '기록된 사실' 또는 '어떤 사실을 적은 글'입니다.

141장 1. 호산나 호산나 다 노래 부른다
수많은 아이들이 즐거운 노래로

그 품에 안으시고 복 주신 주님께
온몸과 마음 드려 주 찬양합니다

호산나: '지금 구원하소서'라는 뜻을 지닌 말입니다.

148장 1. 영화로운 주 예수의 십자가를 생각하면
세상 부귀 모든 영화 분토만도 못하도다

糞土(분토): '썩은 흙'을 말합니다.

188장 6. 영생하는 인친 표 기업 얻을 증거니
천국 인도하소서 보혜사시여

印친(인친): '도장 찍은'이란 말입니다. 하나님의 백성으로서 영생할 것이라 인정하고 보증하는 성령의 도장을 우리의 심령에 찍으셨다는 표현입니다.

243장 2. 주가 내게 부탁하신 모든 역사 마친 후에
예비하신 그곳에서 쉬겠네
성도들이 주의 영광 할렐루야 부를 때
나의 음성 그 노래에 합하리
(후렴) 주의 얼굴 뵈오리 주의 얼굴 뵈오리
슬픔 하나도 없고 금빛 찬란한 데서

구속하신 주의 얼굴 뵈오리

役事(역사): 원래 '토목이나 건축 따위의 공사'를 일컫는 말입니다. 기독교 용어로는 '하나님이 일함 또는 그런 일'이라는 뜻으로 사전에 등재되어 있습니다. 이 말과 발음이 같은 '歷史'(역사)는 'history'이니 구별해야 합니다.

272장 2. 낭패와 실망 당한 뒤에 예수께로 나갑니다
십자가 은혜받으려고 주께로 갑니다
슬프던 마음 위로받고 이생의 풍파 잔잔하며
영광의 찬송 부르려고 주께로 갑니다

이生(이생): 지금 살고 있는 현실 세계나 일생을 이르는 말입니다.

278장 1. 여러 해 동안 주 떠나 세상 연락을 즐기고
저 흉악한 죄에 빠져서 주 은혜를 잊었네
(후렴) 오 사랑의 예수님 내 맘을 곧 엽니다
곧 들어와 나와 함께 하며 내 생명이 되소서

宴樂(연락): '잔치를 베풀고 즐기는 일'을 가리키는 말입니다. 발음이 같은 '連絡'(연락)은 '상대에게 특정한 일의 정황을 알림'이라는 뜻으로, 다른 말입니다.

314장 2. 이 전엔 세상 낙 기뻤어도 지금 내 기쁨은 오직 예수
다만 내 비는 말 내 구주 예수를 더욱 사랑 더욱 사랑

世上樂(세상낙): '世上(세상)의 즐거움'이라는 말입니다.

353장 1. 십자가 군병 되어서 예수를 따를 때
무서워하는 맘으로 주 모른체 할까
(후렴) 나의 주 그리스도 나를 속량했으니
그 십자가를 벗은 후 저 면류관 쓰리

贖良(속량): '일정한 대가를 치르고 종의 신분에서 벗어남'을 일컫는 말입니다. 기독교에서는 예수님의 십자가 고통과 죽음으로 우리가 죄에서 해방된 것을 말합니다.

421장 1. 내가 예수 믿고서 죄 사함 받아 나의 모든 것 다 변했네
지금 내가 가는 길 천국 길이요 주의 피로 내 죄가 씻겼네
(후렴) 나의 모든 것 변하고 그 피로 구속받았네
하나님은 나의 구원되시오니 내게 정죄함 없겠네

定罪(정죄): '죄가 있는 것으로 판정함'이라는 말입니다.

424장 1. 아버지여 나의 맘을 맡아 주관하시고
완악하고 교만한 것 변케 하여 주소서

頑惡(완악): '성질이 검질기고 모짐'을 의미하는 말입니다.

435장 1. 나의 영원하신 기업 생명보다 귀하다
나의 갈 길 다 가도록 나와 동행하소서
(후렴) 주께로 가까이 주께로 가오니
나의 갈 길 다 가도록 나와 동행하소서

基業(기업): '조상 때로부터 이어오는 재산과 사업'을 가리키는 말입니다. 발음이 같은 '企業'(기업)은 '영리를 목적으로 경영하는 사업체'를 말합니다.

441장 1. 은혜 구한 내게 은혜의 주님 은사 원한 내게 은사의 주님
신유 구한 내게 신유의 주님 나의 마음속에 지금 오셨네
(후렴) 나의 생명 되는 내 주 예수님 영원토록 모셔 내 기쁨 넘치네

恩賜(은사): '하나님이 주신 재능 또는 선물'을 말합니다.
神癒(신유): '하나님의 능력으로 병이 치유되는 일'을 의미하는 말입니다.

445장 1. 태산을 넘어 험곡에 가도 빛 가운데로 걸어가면
주께서 항상 지키시기로 약속한 말씀 변치 않네
(후렴) 하늘의 영광 하늘의 영광 나의 맘속에 차고도 넘쳐
할렐루야를 힘차게 불러 영원히 주를 찬양하리

險谷(험곡): '험한 골짜기'를 말합니다.

450장 2. 꿈같이 헛된 세상 일 취할 것 무어냐
이 수고 암만 하여도 헛된 것뿐일세

取할(취할): '가지거나 골라잡을'이라는 말입니다. 술에 취한다는 뜻의 '醉할'(취할)이 아닙니다. 영어 찬송가에는 "cling to"(…에 매달리다)로 되어 있습니다.

453장 1. 예수 더 알기 원하네 크고도 넓은 은혜와
대속해주신 사랑을 간절히 알기 원하네
(후렴) 내 평생의 소원 내 평생의 소원
대속해주신 사랑을 간절히 알기 원하네

代贖(대속): '남의 죄나 고통을 대신하여 자기가 당함'을 의미하는 말입니다. 예수 그리스도가 우리의 죄 사함을 위해 그렇게 하셨습니다.

502장 1. 빛의 사자들이여 어서 가서 어둠을 물리치고
주의 진리 모르는 백성에게 복음의 빛 비춰라
(후렴) 빛의 사자들이여 복음의 빛 비춰라
죄로 어둔 밤 밝게 비춰라 빛의 사자들이여

使者(사자): '심부름꾼'을 의미합니다. 발음이 같은 동물 이름 '獅子'(사자)가 아닙니다.

527장 1. 어서 돌아오오 어서 돌아만 오오
지은 죄가 아무리 무겁고 크기로
주 어찌 못 담당하고 못 받으시리요
우리 주의 넓은 가슴은 하늘보다 넓고 넓어

못 받으시리요: '받아들이지(용납하지) 못하시리오?'라는 뜻입니다. 여기서 '못'을 예수님을 십자가에 박을 때 사용한 '못'으로 이해해서는 안 됩니다.

559장 1. 사철에 봄바람 불어 잇고 하나님 아버지 모셨으니
믿음의 반석도 든든하다 우리 집 즐거운 동산이라
(후렴) 고마워라 임마누엘 예수만 섬기는 우리 집
고마워라 임마누엘 복되고 즐거운 하루하루
2. 어버이 우리를 고이시고 동기들 사랑에 뭉쳐 있고
기쁨과 설움도 같이하니 한 간의 초가도 천국이라

불어 잇고: '끊이지 않고 불어 이어지고'라는 말입니다. '불어 있고'가 아닙니다.

고이시고: '사랑하시고'라는 말의 고어입니다.

同氣(동기): 형제자매를 통틀어서 일컫는 말입니다. 발음이 같은

'동기 동창'의 '同期'(동기)가 아닙니다.

564장　2. 정한 보배 빛난 보배 주 예수의 보배
하늘나라 두시려고 다 거두시리
(후렴) 샛별 같은 그 보배 면류관에 달려
반짝반짝 빛나게 비치리로다

淨한 보배(정한 보배): '깨끗한 보배'입니다. '淨한'(정한)과 발음은 같지만 '정해 놓은'이라는 의미의 '定한'(정한)으로 이해하면 안 됩니다.

587장　3. 우리 주님 오셔서 곡식 거둬들이고
밭에 있는 나쁜 것 모두 소멸하실 때
가라지는 골라서 불에 던져 태우고
알곡들은 곳간에 길이 쌓아 두시리

燒滅(소멸): '불에 태워 없앰'을 가리킵니다. 발음은 같지만 '사라져 없어짐'을 뜻하는 '消滅'(소멸)이 아닙니다. 영어 찬송가에서는 "purge away"(정화하다)라고 표현하였습니다.

598장　2. 푸른 하늘 보좌 되고 땅은 주의 발등상
우리들이 무슨 집을 주 위하여 세울까

발凳床(발등상): 앉을 때 신발을 신은 채 발을 올려놓는 받침대입니다.

605장 2. 세상에서 사는 동안 한 길 가게 하시고
맘과 뜻이 하나 되어 주 따르게 하소서
서로 믿고 존경하며 서로 돕고 사랑해
고와 낙을 함께하며 승리하게 하소서

苦와 樂(고와 낙): '괴로움과 즐거움'입니다. '즐거울 락'을 두음법칙에 따라 '낙'으로 발음합니다.

636장 6. 대개 나라와 권세와 영광이
아버지께 영원히 있사옵나이다 아멘

大蓋(대개): '대강' '대충'의 뜻이 아니라, 사전의 풀이대로 '일의 큰 원칙으로 말하건대'를 뜻합니다. 영어 주기도문에서는 접속사 "for"가 '왜냐하면 …하기 때문'의 뜻으로 쓰였습니다. 다시 말해, '대개' 이전의 간구를 하나님께 우리가 드릴 수 있는 이유는, 나라와 권세와 영광이 하나님 아버지께 영원히 있기 때문이라는 뜻입니다. 또는 '나라와 권세와 영광이 하나님께 영원히 있게 하려고, 그런 목적으로' 이상의 간구를 드린다는 뜻이지요.

2. 복음송의 잘못된 표현들

〈파송의 노래〉

1. 너의 가는 길에 주의 평강 있으리
평강의 왕 함께 가시니
너의 걸음걸음 주 인도하시리
주의 강한 손 널 이끄시리
너의 가는 길에 주의 축복 있으리
영광의 주 함께 가시니
네가 밟는 모든 땅 주님 다스리리
너는 주의 길 예비케 되리
주님 나라 위하여 길 떠나는
나의 형제여 주께서 가라시니
너는 가라 주의 이름으로
거칠은 광야 위에 꽃은 피어나고
세상은 네 안에서 주님의 영광 보리라
강하고 담대하라 세상 이기신 주
늘 함께 너와 동행하시며 네게 새 힘 늘 주시리

복음송 "파송의 노래" 1절입니다. 여기서 한 구절이 "거칠은 광야 위에 꽃은 피어나고"로 되어 있으나 잘못입니다. '**거칠은**' 광야가 아니라 '거친' 광야가 맞습니다.

찬송가 가사는 검증 과정을 거쳐 상당히 정제되어 있으나, 복음송은 그런 과정이 없어서 그런지 다듬을 데가 많습니다. 국어 전문가가 들어도 괜찮을 만큼 우리가 부르는 찬송과 복음송의 가사 수준이 높아져야 합니다. 이것도 우리가 수행해야 할 하나님의 문화 명령입니다.

〈내일 일은 난 몰라요〉

2. 좁은 이길 진리의 길 주님 가신 그 옛길
힘이 들고 어려워도 찬송하며 갑니다
성령이여 그 음성을 항상 들려주소서
내 마음은 정했어요 변치 말게 하소서
내일 일은 난 몰라요 장래 일도 몰라요
아버지여 아버지여 주신 소명 이루소서

"내일 일은 난 몰라요"의 2절입니다. 밑줄 그은 "아버지여 아버지여 주신 소명 이루소서"에서 "**주신 소명 이루소서**"는 문제가 있습니다. '소명'(召命)의 국어사전 풀이는 '사람이 하나님의 일을 하도록 하나님의 부르심을 받는 일'입니다. '소명'은 '주시는' 게 아니라 '받는' 것입니다. 하나님이 주시는 것은 '소명'이 아니라 '사명'이라고 해야 자연스럽습니다.

따라서 "○○○는 하나님의 소명을 받아 성직자가 되었다", '소명을 받들다', '하나님 아버지의 소명' 등의 표현은 가능하지만, '하나님 아버지가 주신 소명'이라는 표현은 어색합니다. '아버지여 아버지여 주신 사명 이루소서'가 좋습니다.

〈예수 안에서〉

1. 예수 안에서 우리 화목됐네
예수 안에서 우리 화목됐네
하나님의 영광 함께 누릴 소망 있네
예수 안에서 우리 화목됐네

복음송 "예수 안에서"의 1절에서 밑줄 그은 "**화목됐네**"는 문제가 있습니다.

'화목하다'는 형용사로서, '서로 뜻이 맞고 정답다'라는 말입니다. "이웃들과 화목하게 지내라", "가정이 화목해야 모든 일이 잘되는 법이다"가 그 용례입니다. '화목됐네'라는 표현은 일상어에서 쓰지 않습니다. '화목해졌네'라고 합니다.

따라서 '예수 안에서 우리 화목하네'로 고치든지 해야 합니다.

〈우리 모두 함께〉

우리 모두 함께 기쁜 찬양하세 세상 모든 사람들의 귓가에
우리 모두 함께 기쁜 찬양하세 세상 모든 사람들이 듣도록
햇빛같은 기쁨 빛줄기같이 금광같은 기쁨
우리 모두 함께 기쁜 찬양하세

복음송 "우리 모두 함께"라는 복음송의 앞부분입니다. 여기서 밑줄 그은 "**금광같은 기쁨**"은 다소 모호한 표현입니다. '금광'은 성경에는 나오지 않는 말로서 두 가지가 있습니다.

하나는 '금광'(金光), 즉 금빛이고 또 하나는 '금광'(金鑛), 즉 '금이 들어있는 광맥(鑛脈)'입니다. '금빛 같은 기쁨'과 '금광을 발견한 것 같은 기쁨', 둘 다 말이 됩니다만 어느 쪽인지 모호합니다. 원래의 문맥이 드러나게 고쳐서 의미를 분명히 해야 합니다.

〈주님 가신 길〉

2. 머리에는 가시 면류관 허리에는 굵은 창자욱
손과 발목 다 찔리신 지치신 주님의 모습
(후렴) 오 나의 주님 용서하소서
죄인 위해 고난받으셨네
이 세상에 생명 주시길
그렇게도 원하셨던 길

복음송 "주님 가신 길" 2절입니다. 밑줄 그은 "**창자욱**"은 표준어가 아닙니다. '창자국'이라고 해야 합니다. 다른 곳에 나오는 '발자욱'도 마찬가지입니다. '발자국'이 표준어입니다.

〈서로 사랑하자〉

사랑하는 자들아 우리가 서로 사랑하자
사랑은 하나님께 속한 것이니
사랑하는 자마다 하나님께로 났도다
독생자를 세상에 보내심은 우리를 살리게 하시려
화목제로 보내셨도다 화목제로 보냈도다

사랑하는 자들아 서로 사랑하자
사랑은 하나님께 속한 것이니
서로 사랑하면 서로 사랑하면
주께서 우리 안에 거하시리로다

복음송 "서로 사랑하자"입니다. "화목제로 보내셨도다"에서 밑줄 그은 "**화목제**"는 문제가 있습니다. 화목제는 '화목을 목적으로 드리는 제사'인데, 예수님이 제사일 수는 없습니다. '화목제물로 보내셨도다'라고 해야 맞습니다.

〈주 나의 모든 것〉

1. 약할 때 강함 되시네
나의 보배가 되신 주
주 나의 모든 것
주안에 있는 보물을
나는 포기할 수 없네
주 나의 모든 것
(후렴) 예수 어린양 존귀한 이름
예수 어린양 존귀한 이름

복음송 "주 나의 모든 것"의 가사입니다. 밑줄 그은 "**약할 때 강함 되시네**" 부분은 문제가 있습니다. 일상생활에서 우리는 이런 표현을 하지 않습니다. '약할 때 강하게 하시네'라는 말은 해도 '강함 되시네'라고는 하지 않습니다.

찬송가는 곡조 있는 기도이고 기도는 말하기입니다. 따라서 우리가 늘 쓰는 말이어야 합니다. 어색하면 안 됩니다. 이 대목은 '약할 때 강하게 하시네'로 바꿔야 자연스럽습니다.

〈너는 내 아들이라〉

힘들고 지쳐 낙망하고 넘어져
일어날 힘 전혀 없을 때에
조용히 다가와 손잡아주시며
나에게 말씀하시네
나에게 실망하며 내 자신 연약해
고통 속에 눈물 흘릴 때에
못자국난 그 손길 눈물 닦아주시며
나에게 말씀하시네
너는 내 아들이라
오늘날 내가 너를 낳았도다
너는 내 아들이라
나의 사랑하는 내 아들이라
언제나 변함없이 너는 내 아들이라
나의 십자가 고통 해산의 그 고통으로
내가 너를 낳았으니

복음송 "너는 내 아들이라"(힘들고 지쳐)입니다. 이 가사에는 다듬어야 할

부분이 있습니다. 밑줄 그은 곳을 보면 노래의 주제이면서 반복되는 말로 **"너는 내 아들"**이라는 표현이 나오지요. 이 노래는 본래 시편 2:7의 "내가 여호와의 명령을 전하노라. 여호와께서 내게 이르시되 '너는 내 아들이라 오늘 내가 너를 낳았도다'"라는 말씀을 응용한 복음송입니다.

그런데 시편 말씀의 문맥상 "너는 내 아들이라"라고 선언하시는 주체는 하나님입니다. 성부 하나님께서 다윗의 후손을 향해 하시는 말씀입니다. 이 노래에서는 이렇게 출처가 분명한 말씀을 가져다가, 예수 그리스도가 노래를 부르는 우리를 향해 "너는 내 아들이라"라고 선언하는 것으로 바꿔놓았습니다. "나의 십자가 고통 해산의 그 고통으로 내가 너를 낳았으니"라고 함으로써, 발화의 주체가 명백히 성자 예수님으로 바뀌어 있는 것을 알 수 있습니다. 그런데 예수님은 우리더러 '친구'라고는 했어도 '자녀'나 '아들'이라고는 하지 않으셨습니다. 그래서 부자연스럽습니다.

〈당신을 향한 노래〉

아주 먼 옛날 하늘에서는 당신을 향한 계획 있었죠
하나님께서 바라보시고 좋았더라고 말씀하셨네
이 세상 그 무엇보다 귀하게 나의 손으로 창조하였노라
내가 너로 인하여 기뻐하노라
내가 너를 사랑하노라
사랑해요 축복해요
당신의 마음에 우리의 사랑을 드려요

"당신을 향한 노래"(아주 먼 옛날)라는 복음송입니다. 이 노래의 배경이 되는 성경 말씀은 창세기 1장입니다. 그중에서도 하나님이 우주 만물을 다 창조하신 후, 마지막으로 인간을 만들고 나서 하신 말씀을 근거로 하고 있습니다.

> 태초에 하나님이 천지를 창조하시니라. 땅이 혼돈하고 공허하며 흑암이 깊음 위에 있고 하나님의 영은 수면 위에 운행하시니라. 하나님이 이르시되 '빛이 있으라' 하시니 빛이 있었고, 빛이 하나님이 보시기에 좋았더라.…하나님이 이르시되 '우리의 형상을 따라 우리의 모양대로 우리가 사람을 만들고 그들로 바다의 물고기와 하늘의 새와 가축과 온 땅과 땅에 기는 모든 것을 다스리게 하자' 하시고, 하나님이 자기 형상 곧 하나님의 형상대로 사람을 창조하시되 남자와 여자를 창조하시고, 하나님이 그들에게 복을 주시며, 하나님이 그들에게 이르시되 '생육하고 번성하여 땅에 충만하라, 땅을 정복하라, 바다의 물고기와 하늘의 새와 땅에 움직이는 모든 생물을 다스리라' 하시니라. 하나님이 이르시되 '내가 온 지면의 씨 맺는 모든 채소와 씨 가진 열매 맺는 모든 나무를 너희에게 주노니 너희의 먹을 거리가 되리라. 또 땅의 모든 짐승과 하늘의 모든 새와 생명이 있어 땅에 기는 모든 것에게는 내가 모든 푸른 풀을 먹을 거리로 주노라' 하시니 그대로 되니라. 하나님이 지으신 그 모든 것을 보시니 보시기에 심히 좋았더라. 저녁이 되고 아침이 되니 이는 여섯째 날이니라(창 1:1-4, 26-31).

이 본문 마지막 부분의 "하나님이 지으신 그 모든 것을 보니시 보시기에 심히 좋았더라"를 새번역 성경에서는 "하나님이 손수 만드신 모든 것을 보시니, 보시기에 참 좋았다"라고 번역하였습니다. 설계하신 대로 이루어진 데 대해 만족감을 표현하셨다는 기록입니다. 하나님의 반응을 창세기 기록자의 시각에서 3인칭 관찰자 시점으로 서술한 것입니다.

하나님의 시점에서 직접화법으로 서술한다면 이렇게 써야겠죠.

"하나님이 보시고 말씀하셨다. '참 좋구나!'"

그런데 이렇게 말씀하신 것을 창세기 기록자가 기록할 때는 "하나님이 보시기에 심히 좋았더라(참 좋았다)"라고 간접화법으로 나타냈습니다. 이 대목에 착안해 만든 이 노래의 가사를 자세히 살펴봅시다.

"하나님께서 바라보시고 **좋았더라고** 말씀하셨네."

마치 하나님께서 그 당시에 우주 만물과 인간을 바라보시면서 "좋았더라"라고, 과거 회상형으로 말씀하신 것처럼 바꿔놓았습니다. 이것은 잘못입니다. 하나님은 인간 창조 현장에서 현재형으로 반응하셨다고 봐야 합니다. "참 좋다!"라고 하셨지, "참 좋았더라(좋았다)"라고 과거형으로 말씀하신 게 아닙니다.

그렇게 본다면 이 대목은 잘못된 것입니다. 이렇게 바꿔야 성경을 제대로 드러낼 수 있습니다. '하나님께서 바라보시고 좋았다고 말씀하셨네.'

〈영원한 그 사랑 예수〉

아버지 사랑 내가 노래해

아버지 은혜 내가 노래해

그 사랑 변함없으신 거짓 없으신 성실하신 그 사랑

상한 갈대 꺾지 않으시는

꺼져가는 등불 끄지 않는

그 사랑 변함없으신 거짓 없으신 성실하신 그 사랑 사랑

그 사랑
날 위해 죽으신 날 위해 다시 사신
예수 그리스도 다시 오실 그 사랑
죽음도 생명도 천사도 하늘의 어떤 권세도 끊을 수 없는
영원한 그 사랑 예수

"영원한 그 사랑 예수"라는 복음송입니다. 이 복음송의 배경은 로마서 8:38-39 말씀입니다.

> 내가 확신하노니 사망이나 생명이나 천사들이나 권세자들이나 현재 일이나 장래 일이나 능력이나 높음이나 깊음이나 다른 어떤 피조물이라도, 우리를 우리 주 그리스도 예수 안에 있는 하나님의 사랑에서 끊을 수 없으리라(롬 8:38-39).

로마서에 나오는 이 대목의 주제는 '하나님의 사랑'입니다. 그 어떤 것도 우리를 하나님의 사랑에서 끊을 수 없다는 말씀이지요. 이 복음송도 출발은 그렇게 합니다.

아버지 사랑 내가 노래해
아버지 은혜 내가 노래해
그 사랑 변함없으신 거짓 없으신 성실하신 그 사랑
상한 갈대 꺾지 않으시는
꺼져가는 등불 끄지 않는

그 사랑 변함없으신 거짓 없으신 성실하신 그 사랑 사랑

그런데 후반에 가서 달라집니다. 갑자기 '예수 그리스도의 사랑'으로 바뀝니다.

그 사랑
날 위해 죽으신 날 위해 다시 사신
예수 그리스도 다시 오실 그 사랑
죽음도 생명도 천사도 하늘의 어떤 권세도 끊을 수 없는
영원한 그 사랑 예수

하나님의 사랑으로 시작했으니, 당연히 "그 사랑"은 '하나님 사랑'으로 연결되어나가야 하지만, 돌연 '예수 그리스도의 사랑'으로 전환됨으로써, 통일성을 잃어버려 논리적 파탄을 보이고 있습니다. 그런데도 어떻게 하나님의 사랑이 예수 그리스도의 사랑으로 달라질 수 있는지 아무런 설명도 없습니다. "죽음도 생명도 천사도 하늘의 어떤 권세도 끊을 수 없는" 것은 로마서에서 말했듯, **'하나님의 사랑'**이건만 이 노래에서는 **'예수 그리스도의 사랑'**으로 바꿔놓고 말았습니다.

다시 말하지만 찬송은 곡조 있는 기도입니다. 기도는 말씀에 근거하여야 합니다. 그렇게 보았을 때 이 가사는 자칫 성경 말씀을 오해하게 하거나 왜곡할 수 있습니다. 따라서 로마서 본문을 존중해 수정해야 합니다. 사랑의 하나님께서 우리를 위해 아들 예수 그리스도로 하여금 죽게 하시고 그분을 다시 살리셨으니, 세상 어떤 것도 우리를 그 예수 그리스도 안

에 있는 하나님의 사랑에서 끊을 수 없다는 내용으로 다듬어야 할 것입니다. 그래야 로마서 본문을 아는 신자들이 마음 편히 이 노래를 부를 수 있습니다.

교회에서 쓰는 말 바로잡기

기타 교회에서 쓰는 말

1. 교회

'교회'가 건물을 가질 수 있지만 건물이 곧 교회는 아닙니다. 교회는 '하나님의 부르심을 입어 예수 그리스도를 구주로 믿는 이들의 공동체로서 곧 그리스도의 몸이며, 삼위일체 하나님을 경외하는 거룩한 공회'입니다. '교회'란 구원받은 사람들의 모임에 대한 지칭이며, 공동체가 모여 '예배하는 자리'로 세운 건물은 예배당입니다. 예수께서 피로써 값을 치르고 구원하신 것(고전 6:20; 벧전 1:18-19)은 건물이 아닌 사람입니다. 지체들의 연합인 '그리스도의 몸'(엡 1:22-23)이란, 사람들로 이루어진 유기적 공동체입니다.

과거에는 예배하는 처소로 단일 용도의 건물을 지었기에 그것을 예배당이라 부르고, 예배당과는 별도로 교역자 사택이나 교육관 등의 건물을 용도에 따라 따로 지었습니다. 그러나 요즘은 단일 건물 안에 예배실만이 아니라 교육, 친교, 사무, 거주 공간을 복합적으로 배치하여 건축합니다. 이런 경우에도 건물의 주 용도는 예배이니 예배당이라 해도 무방하지만, 그보다는 교회당이라고 하는 것이 더 적절합니다. 복합 건물인 교회당이 두 동 이상 있을 때는 본당(본관)과 별관 또는 제1, 제2, 제3 등의 숫자로 표기하거나 의미를 부여한 별도의 이름을 붙여도 좋을 것입니다. 때때로 초청장이나 회의 소집 공문에 모임 장소를 '○○ 교회'라 쓴 것을 봅니다. 이런 경우 '○○ 교회당 예배실'이라고 하거나, 단일 건물 안에 예배실이 둘 이상이면 '○○ 교회당 ○○ 예배실'이라 해야 합니다. 일상생활에서도 "교회 갑니다"가 아니라 "예배당 갑니다"라고 해야 좋습니다.

2. 기독교/예수교

기독교는 그리스도교와 같은 말입니다. '기독'은 고대 그리스어 '크리스토스'의 한자 음역(기리사독, 基利斯督)을 줄인 말이기 때문입니다. 또한 '예수'는 아람어 '예슈아'의 라틴어 발음인 '예수스' 혹은 이탈리아어 발음인 '제수'의 한자 음역(야소, 耶蘇)으로서, 기독교와 예수교는 의미가 같습니다. 크리스토스(그리스도)는 예수의 직임이고 예슈아는 그리스도의 본명이기 때문입니다.

그런데도 우리나라에서는 이 두 말이 싸우고 있습니다. 무슨 말이냐고요?

기독교장로회(기장), 예수교장로회(예장)
기독교침례회(기침), 예수교침례회(예침)
기독교성결회(기성), 예수교성결회(예성)

이런 교단 명칭에 그 대립 양상이 잘 나타나 있습니다. 영어로 번역하면 똑같이 '크리스처니티'(Christianity)인데, 우리는 굳이 두 말을 대립시키고 있는 것이지요.

때로는 기독교를 개신교라고 부르기도 합니다. 종교 개혁의 산물임을 강조하고 프로테스탄트(저항자들)의 의미를 드러낸 표현이라 하겠습니다. 요새 와서는 저항의 성향이 희박해져 과거 중세의 가톨릭 같은 권위주의로 많이 기운 것이 문제지만 말입니다.

3. 유월절(踰越節)

유월절은 6월에 있는 절기가 아닙니다. '넘을 유, 넘을 월'자를 쓰는 유월절(踰越節)입니다. 유월절을 과월절(過越節)이라고도 합니다. 순우리말로는 '넘이절'이라 불렀습니다. 초기 우리말 성경에서는 '넘는절'이라고도 했습니다.

출애굽 당시 양을 잡아 그 피를 문설주에 바른 이스라엘 백성의 집은 죽음의 천사가 그냥 넘어갔다(지나갔다, 통과했다) 해서 붙여진 명칭입니다.

우리말 성경을 번역하던 주체들이 한문에 밝은 분들이라 아직도 한자어가 많습니다. 한자를 공부하면 성경을 이해하는 데 유익합니다.

4. 산상수훈(山上垂訓)

마태복음 5장에서 7장까지 이어지는 예수님의 설교 대목을 부르는 말이 '산상수훈'(山上垂訓)입니다. '산 위에서 내려주신 교훈(가르침)'이라는 뜻입니다. 사람 대 사람의 수평적인 가르침이 아니라, 위에서 내려주시는 수직적인 가르침이기 때문에 '수훈'이라고 합니다.

때로는 이것을 다르게 부르기도 합니다.

산상보훈(산 위에서 하신 보배로운 교훈)

산상복음(산 위에서 들려주는 복된 말씀)

산상설교(산 위에서 하신 설교)

가톨릭에서는 산상설교라는 표현을 선호합니다. 어떻게 부르든 마태복음 5장에서 7장까지의 이 말씀은 예수님이 직접 하신 설교로서 아주 중요합니다. 일반인에 이르기까지 모두가 좋아하는 황금률도 여기 나옵니다. "그러므로 무엇이든지 남에게 대접을 받고자 하는 대로 너희도 남을 대접하라"(마 7:12).

5. 동음이의어들

성경에는 발음은 같으나 뜻이 다른 동음이의어가 자주 등장하는 까닭에 자칫하면 오해하기 십상입니다. 두 가지만 예를 들어 보겠습니다.

- 말(斗, 마 5:15): 도량형 도구입니다. "사람이 등불을 켜서 말 아래에 두지 아니하고 등경 위에 둔다"고 할 때 '말'은 바로 이 도량형 도구로서의 말입니다. 말 아래 등불을 놓아두면 공기가 통하지 않아 꺼지거나 주위를 밝힐 수 없어 무용지물이라는 예수님의 가르침입니다. 신자인 우리가 신자 구실을 해서 세상을 밝혀야 한다는 것이지요. 이때 '말'이 무슨 뜻인지 확실하게 알아야 이 교훈을 실감나게 새길 수 있습니다.
- 구속(救贖, 눅 21:28[1]): 대속(代贖)하여 구원한다는 말입니다. 빚을 진다는지 죄를 지어서 감옥살이하거나 어떤 형벌을 받아야 할 때, 누

---

1 새번역 성경에는 "구원"으로 되어 있음.

군가가 대신해서 그 빚을 갚거나 형벌을 당해 줌으로써 그 사람을 자유롭게 해주는 행위를 말합니다. 예수 그리스도가 하신 일이 그것입니다. 덕분에 우리는 죄에서 벗어나 자유를 누립니다. 동음이의어로 '구속'(拘束)이라는 말이 있는데요, 이것은 '자유의 제한, 속박'을 의미하는 말입니다. 범죄 혐의가 있어서 검찰에 의해 신체가 갇히는 것이 그 경우입니다.

6. 성경/성서

'성경'이 맞는가 '성서'가 맞는가? 궁금할 수 있습니다.

먼저, '성경'이라는 한자어의 쓰임새를 살펴보면, 책 중에서도 성인의 말씀을 적었거나 성인이 편찬한 것을 '경'(經)이라 하였습니다(현인의 말씀을 적은 것은 '전'[傳]). 유교의 시경, 서경, 역경 등의 표현이 그렇거니와 불교의 불경이 가장 대표적입니다. 부처님의 말씀이 아닌 것들은 '논', '소'라고 하여 구별했습니다. 그뿐만 아니라 불경을 '성경'이라고도 불렀습니다. 그냥 '경'이라 해도 충분하지만, '거룩한 책'이라고 해 더 강조한 것이지요. 어찌 보면 의미 중복이지만 말입니다. 이 전통에 따르면 하나님의 말씀인 기독교의 경전도 '성경'이라 부르는 게 당연합니다.

그러면 '성서'라는 표현은 어떻게 쓰였을까요? 현재까지 드러난 것으로는 우리보다 기독교가 먼저 들어간 일본에서 이 말을 썼습니다. 불교에서 불경을 '성경'이라고 하니, 기독교의 경전은 '성서'라고 하여 혼동하지 않게 한 것이지요. '성서'라고 해서 경시한 것이 아니고, 단순히 불교의 성경인 불경과 구분하기 위해서 그런 것입니다.

'성서'를 직역하면 '거룩한 책'으로서, '성경'과 동일한 의미입니다. 유교 경전 중에서도 성현의 책을 '경'과 함께 '서'로 부른 사례가 있습니다. 논어, 맹자, 중용, 대학 등을 '사서'(四書)라 부르는 데서 그 용례를 찾아볼 수 있지요. 우리가 지금 '성서'라고 하는 것은 이것의 영향일 수도 있고, '성경전서'(聖經全書)를 줄여 쓰는 말로 볼 수도 있습니다.

그러니 '성경'이라고 하든 '성서'라고 하든, 다 무방합니다. 아울러 성경을 의미하는 영어 Bible의 어원도 참고하면 좋을 것입니다. 이 말은 파피루스로 만든 책을 뜻하는 말 '비블로스'에서 유래했으므로, 처음에는 그냥 '책'이었습니다. 그러다 가장 널리 보급된 책인 '성경' 또는 '성경처럼 권위 있는 책'이란 뜻으로 바뀌게 되었지요.

이처럼 '바이블', '성경', '성서'는 모두 후대에 다른 문화권에서 일컬은 표현이고, 원래의 고유한 이름은 '언약(계약)서'(Testament)였다는 것도 기억할 필요가 있습니다. 옛 언약(계약)인 구약, 새 언약(계약)인 신약이라는 명칭이 그것을 말해 줍니다.

7. 평신도(平信徒)

목사, 전도사 같은 목회자나 교역자를 제외한 신자들을 '평신도'(平信徒)라고들 부릅니다. 그러나 이런 표현은 과거 평민과 귀족을 구분하던 중세 신분제 사회를 떠올리게 합니다.

'일반 신도' 또는 '일반 신자'란 표현이 낫습니다. 종교개혁 이후 우리

개혁교회에서는 모든 교회 구성원이 동등합니다. 달란트에 따라 봉사하는 일이 구분되어 있을 따름이지, 직분에 상하 귀천은 없습니다.

8. 증경(曾經)

교회에서 쓰는 '증경'(曾經)이라는 말은 국어사전에도 없고 사회에서도 쓰지 않는 옛말입니다. 교단에 공헌한 경력을 가진 분들을 예우하는 마음에서 그분의 전직(前職)을 계속 호칭으로 사용하다 보니 '증경 총회장', '증경 지방회장' 등의 호칭이 쓰이고 있습니다.

증(曾)은 '일찍이'라는 뜻을, 경(經)은 '지내다', '겪다'라는 뜻을 가진 글자이니, 증경이란 말은 '일찍이 겪은', '이전에 지낸' 분이라는 뜻입니다. 그러므로 '증경 총회장'은 이전에 총회장을 지낸 분을 말합니다.

'전 총회장'

이렇게 표현하면 누구나 알아듣기 쉽고 더 좋겠습니다.

9. 중보기도

중보기도(仲保祈禱, mediatory prayer)는 하나님과 인간의 유일한 중보자(Mediator)이신 예수 그리스도께서 우리 인생들을 위해 간구하시는 기도(롬

8:34)입니다. 일명 '대도'(代禱)라고도 합니다. 예수님만이 중보기도하실 수 있는 분입니다.

그러므로 성도가 이웃을 위해 기도하는 것은 구별해야 합니다. 우리의 기도는 이런 주님의 기도를 모본 삼아 하는 기도일 따름입니다. 중보적 기도, 도고(禱告), 이웃을 위한 기도 등으로 표현해야 합니다.

10. 예배 봐준다/예배받으세요

"개업 예배를 봐주기로 했다", "구역예배를 받으세요" 등의 표현을 하는 경우가 종종 있는데, 적절치 않습니다.

예배란 예수 그리스도의 구속 사건 안에 나타난 하나님의 사랑과 은혜에 응답하는 인간의 행위입니다. 그러므로 참여자가 모두 한마음 한뜻이 되어 하나의 공동체를 이루어 그 자리에 현존하신 하나님께 드리는 행위가 되어야 하며, 누구는 열심히 예배하고 다른 사람은 그저 바라만 봐서는 안 됩니다. 목사가 신자를 대신하여 해줄 수 있는 성질의 것이 아니라는 뜻입니다.

더구나 '예배를 봐준다'는 표현은 마치 점쟁이가 '점을 봐준다'거나 무당이 어느 집을 위해 '치성을 드려준다', '굿을 해준다'는 말을 연상시키므로 피하는 것이 좋습니다.

11. 예수님의 지상 명령

부활하신 예수님이 승천하시기 직전 제자들에게 분부하신 것을 '지상 명령'이라고들 합니다. 땅끝까지 이르러 모든 족속을 제자로 삼으라는 선교 명령이 그것입니다.

그런데 이때 '지상'을 '지상'(地上), 즉 '땅 위'로 아는 사람들이 있습니다. 하지만 그렇지 않습니다. '지상'(至上), 즉 '가장 높은 위'라는 뜻입니다. 명령 가운데 최고로 높은 명령, 최고로 중요한 명령이라는 뜻이지요.

12. 저녁이 되고 아침이 되니, 유대인의 하루

성경에는 유대인 고유의 날짜 인식이 나옵니다. 그 대표적인 것이 창세기 1장의 "저녁이 되고 아침이 되니 ○째날이니라"라는 표현입니다. 지금의 주일, 즉 일요일을 "안식 후 첫날"이라고 표현하는 것도 마찬가지입니다. 아침에 시작해서 저녁에 끝나는 우리식 날짜 인식으로는 이해할 수 없는 표현들입니다.

유대인은 예나 지금이나 우리와는 다르게 인식합니다. 해가 질 때부터 새로운 날이 시작되어 그다음 날 해가 질 때까지가 하루입니다. 아침에 해 뜰 때부터를 새로운 날의 시작으로 여기는 우리와는 시간 개념이 다른 것이지요.

"안식 후 첫날"은 안식일이 지난 다음 날을 의미합니다. 요일로 말하자면 금요일 일몰 때부터 토요일 일몰 직전까지가 안식일이니, 토요일 일몰 이후부터 일요일 일몰 직전까지가 안식 후 첫날인 주일입니다. 예수님이 부활하신 안식 후 첫 새벽도 바로 그때입니다.

예수님께서 가버나움에 있는 왕의 신하의 아들을, 가나에서 말씀으로 살리신 기적 사건(요한복음 4:43-54)에서도 그러한 인식 차이가 나타납니다. 우리식으로 보면 분명히 당일에 일어난 일인데도 "**어제** 일곱 시에 열기가 떨어졌나이다"라고 기록되어 있습니다. 이 "일곱 시"는 우리 시간으로 환산하면 오후 1시인데 가나에서 가버나움까지의 거리는 34km로 도보로 8시간 거리이므로, 가는 길에 특별히 시간을 지체하지 않고서야 하룻밤이 지났을 리 없습니다. 그런데도 종들이 "어제"라고 표현한 것은, 왕의 신하가 가버나움으로 가던 중 해가 떨어진 후에 그 말을 들었기 때문입니다. 유대인의 시각으로 보면 분명 열기가 떨어진 것은 '어제'였던 것이지요. 새번역 성경에는 "어제 오후 한 시에, 열기가 떨어졌습니다"라고 나옵니다.

13. 유대인의 시간

위에서 잠깐 언급한 바와 같이 유대인의 시간 계산법은 우리와 다릅니다. 우리도 예전에는 1경, 2경, 3경, 이런 식으로 시간을 표현했는데, 비슷하게 옛 유대인의 제1시는 현대로 말하면 거기에 6을 더한 시각입니다. 그러니 성경 원문에서 '제9시'라고 했다면 우리식으로는 15시, 즉 오후 3시가 됩니다. 사도행전 3:1의 "제 구 시 기도 시간에 베드로와 요한이 성전에 올라갈새, 나면서 못 걷게 된 이를 사람들이 메고 오니"가 바로 그런 경우입니다. 이것을 우리식으로 받아들여 오전 9시로 생각하면 안 됩니다.

새번역 성경으로 보면 "오후 세 시의 기도 시간이 되어서, 베드로와 요한이 성전으로 올라가는데, 나면서부터 못 걷는 사람을 사람들이 떠메고 왔다"입니다.

14. '야고보서'의 영역 'James'

정말 오랫동안 품어온 의문 가운데 하나가 왜 '야고보서'의 영역이 'James'인가 하는 궁금증이었습니다. 누구한테 물어도 답을 듣지 못하다가 어느 날 의문을 풀게 되었습니다.

우선 라틴어 번역본에서 그리스어 원문의 '야코보스'(Iakobos)를 로마식으로 '야코부스'(Iacobus)로 표기했습니다. 그런데 그 이후 중세를 거치면서 통속 라틴어에서 Iacombus 〉 Iacomus라는 표기가 나타납니다. 이 Iacomus가 유럽 언어에서 Giacomo, Jaime, Iago 등으로, 그리고 영어에서는 James로 변형된 것이라고 합니다.

15. 무덤

이스라엘의 무덤은 우리의 무덤과 다릅니다. 우리는 전통적으로 땅을 수직으로 판 다음 거기에 시신을 매장하고 봉분을 만드는데, 팔레스타인의 전통 무덤은 그렇지 않습니다. 수평으로 된 자연 동굴 또는 인공 동굴 안

벽 쪽의 선반 같은 곳에 시신을 눕혀놓습니다.

나사로가 다시 살아나서 걸어나오는 것이나 부활하신 예수님 사건을 생각할 때, 그렇게 연상해야 이해가 되거나 실감이 납니다. 예수님의 무덤을 막고 있는 돌을 어떻게 옮길까 걱정하는 여인들의 말도 제대로 이해가 되고요. 동굴 문이 넓으므로 짐승이 들어가지 못하도록 아주 큰 돌을 굴려서 입구를 막아놓았기 때문에 걱정한 것입니다.

16. "더러는 길가에 떨어지매 새들이 와서 먹어버렸고"

예수님의 씨 뿌리는 비유에 보면, "더러는 길가에 떨어지매 새들이 와서 먹어버렸고"(마 13:4)라는 대목이 나옵니다. 우리의 농사 상식으로는 얼른 이해되지 않는 대목입니다. 우리는 씨를 뿌릴 때 반드시 쟁기로 갈아엎은 다음에 뿌립니다. 그러고 나서 덮어줍니다. 그러니 절대로 새들이 와서 먹을 일이 없습니다. 농부가 아주 부주의해서 그 씨를 덮지 않은 경우라면 몰라도요.

하지만 팔레스타인의 농사법은 다릅니다. 평소에는 길바닥이기도 한 곳에다가 쟁기질도 하지 않고 씨부터 뿌립니다. 그러고 나서야 쟁기질을 해서 덮습니다. 그러니 완벽하게 덮이지 않습니다. 덮이지 않은 씨는 그야말로 길가에 그냥 떨어져 있는 신세이니 새들의 먹이가 될 수밖에 없습니다. 아주 흔한 일인 것이지요.

17. 채찍

예수님이 맞으신 채찍을 우리식 채찍으로 생각하면 안 됩니다. 우리는 보통 가죽으로 만든 채찍을 떠올리지만 예수님이 맞으신 채찍은 그런 게 아닙니다. 당시 로마의 채찍에는 날카로운 쇳조각들이 무수히 박혀 있었고, 그것에 맞으면 살점이 마구 떨어져 나갔습니다.

18. 민초/서민/백성

기도할 때 흔히 쓰는 말입니다. "이 백성을 잘 다스리는 위정자(대통령) 되게 하소서."

일본에서는 '백성'(民)과 '풀'(草)을 조합해 '민초'(民草)라는 말을 만들어 써왔습니다. 백성을 끈질긴 생명력을 가진 잡초에 비유한 말입니다. 이는 일본식 한자어일뿐더러, 백성을 풀처럼 하찮은 존재로 여기는 것으로 들려 좋지 않습니다. '서민'(庶民)이라는 말도 오늘날의 민주사회에는 맞지 않습니다. 신분 사회에서 양반이 아닌 평민(平民), 혹은 상민(常民)을 가리키던 그 말을 지금도 쓴다는 것은 시대착오적입니다.

'국민'처럼 좋은 말을 두고 굳이 '민초', '서민'이라는 말을 쓸 필요는 없습니다. '백성'(百姓)도 민초보다는 좋지만, 여전히 중세의 신분질서를 반영한 말이므로 민주화된 이 시대에는 어울리지 않습니다. '백성'이란 '백 가지 성씨'라는 글자 뜻 그대로, 왕의 관점에서 자신의 다스림을 받는 민중 전체를 가리키는 말입니다. 이 '백성'이라는 말 속에 왕은 들어가지 않습니다. 왕좌가 세습되었기에 왕은 영원히 '백성'의 범주에 들어가지 않았습니다.

그러나 민주화된 사회에서는 다릅니다. 모두가 국민입니다. 그 가운데서 선거를 통해 뽑히면 대통령이 될 수 있습니다. 그러므로 '백성'이라는 말보다 '국민'이라는 말을 써야 합니다.

19. 하수/강

중국, 한국, 일본 등 동아시아 한자문화권에서 '하남'이니 '하동'이니 하는 말은 '황하'를 염두에 두고 나온 말들입니다. '강남'이나 '강동' 같은 말은 '양자강'을 염두에 둔 말들이고요. '강남' 지역은 요즘으로 말하자면 베트남이 대표적입니다.

이와 같은 문화에 젖어 있던 유교적 교양인들이 기독교를 받아들여 성경 번역에 참여한 결과, 성경에도 '하수'라는 말이 등장하는데, 이는 '나일강'을 의미합니다. 나일강을 특별히 큰물로 여겼던 것이지요. 예외 없이 그렇게 썼습니다. 개역개정판에 와서는 아예 나일강으로 옮긴 곳도 있지만 여전히 그 흔적이 남아 있으니 알아둘 일입니다.

다른 강을 지칭할 때는 '○○강'이라고 했습니다. '요단강'이 대표적입니다. 그냥 '강'이라고 하면 대개는 유프라테스강입니다. 새번역 성경에서는 친절하게 '유프라테스강'이라고 밝히고 있지만 말이지요.

여호수아가 모든 백성에게 이르되, '이스라엘 하나님 여호와의 말씀에 옛적에 너희 조상들 곧 아브라함의 아비, 나홀의 아비 데라가 **강 저편**에 거하여 다른 신들을 섬겼으나, 내가 너희 조상 아브라함을 강 저편에서 이끌어내어 가나안으로 인도하여 온 땅을 두루 행하게 하고, 그 씨를 번성케 하려고 그에게 이삭을 주었고'(수 24:2-3, 개역한글판)

여호수아가 모든 백성에게 이르되, '이스라엘의 하나님 여호와께서 이같이 말씀하시기를 옛적에 너희의 조상들 곧 아브라함의 아버지, 나홀의 아버지 데라가 **강 저쪽**에 거주하여 다른 신들을 섬겼으나, 내가 너희의 조상 아브라함을 강 저쪽에서 이끌어 내어 가나안 온 땅에 두루 행하게 하고, 그의 씨를 번성하게 하려고 그에게 이삭을 주었으며'(수 24:2-3, 개역개정판)

그때에 여호수아가 온 백성에게 말하였다. '주 이스라엘의 하나님이 이렇게 말씀하셨습니다. 옛날에 아브라함과 나홀의 아비 데라를 비롯한 너희 조상은 **유프라테스 강 건너**에 살면서 다른 신들을 섬겼다. 그러나 내가 너희 조상 아브라함을 강 건너에서 이끌어 내어, 그를 가나안 온 땅에 두루 다니게 하였으며, 자손을 많이 보게 하였다. 내가 그에게 이삭을 주었고'(수 24:2-3, 새번역 성경)

20. 앞

북반구인 한반도에서는 태양이 남쪽에 있으므로 남쪽이 앞쪽이고 북쪽은 뒤쪽입니다. 그래서 앞산은 남산이고 뒷산은 북산입니다. 예외가 없습니다.

이스라엘은 다릅니다. 예루살렘 성전을 기준으로 삼아 성전의 문 쪽인 동쪽을 앞으로 표현합니다. 아래의 예문이 그것을 보여줍니다.

> 오봇을 떠나 **모압 앞쪽 해 돋는 쪽** 광야 이예아바림에 진을 쳤고(민 21:11, 개역개정판)

> 오봇을 떠나서는 이예아바림에 이르러 진을 쳤다. 그곳은 **모압 맞은편, 해 돋는 쪽** 광야이다(민 21:11, 새번역 성경).

21. 보우(保佑)/보호(保護)

'보우'는 보호하고 도와준다는 한자어입니다. 일상적으로 쓰기에는 무척 생소하고, '보호'의 잘못된 표기가 아닌가 싶은 생각이 들 수도 있습니다. 애국가에서 바로 이 '보우'라는 말을 볼 수 있는데 "하느님이 보우하사 우리나라 만세"라는 대목에 나오지요.

여기 나오는 '보우'를 '보호'로 오해할 수 있는데 '보우'가 맞습니다. 산 사람의 행위가 아니라 죽은 조상이나 신(하나님)의 행위를 나타낼 때의 '보우'(保佑)라는 표현을 씁니다.

22. 시각(時刻)/시간(時間)

시각(時刻)은 '시간의 흐름에서 어느 한 시점'을 의미하는 말입니다. "대관령엔 이 시각 현재까지 폭설이 내리고 있습니다"와 같이 씁니다.

'시간'(時間)은 '…동안'의 의미로서 시각과 시각의 사이이자 그 집합체입니다. "영화를 보면서 시간을 보냈다"가 그 정확한 용법을 보여줍니다.

23. 유명(幽明)/운명(殞命)

'유명'(幽明)은 '저승과 이승'을 이르는 말입니다. '어두운 곳과 밝은 곳'이라는 뜻이지요. '운명'(殞命)은 '사람의 목숨이 끊어짐'을 의미하는 말입니다.

그러므로 죽음을 표현하기 위해, '저승과 이승을 달리했다'라는 뜻에서 '유명을 달리하다'라고 표현하는 것은 맞습니다. 하지만 '운명(殞命)을 달리하다'라고 하면 잘못입니다. 말이 되지 않기 때문이지요.

동음이의어인 '운명'(運命)을 써도 마찬가지로 적절하지 않습니다. 한자의 뜻을 확실하게 알아야 정확한 표현이 가능합니다.

24. 예언자(預言者)/예언자(豫言者)

> 평화를 예언하는 선지자는 그 예언자의 말이 응한 후에야 그가 진실로 여호와께서 보내신 선지자로 인정받게 되리라(렘 28:9).

성경의 예언자는 일반적인 의미의 예언가와는 다른데 이 사실을 모르는 경우가 있습니다. 일반적인 의미의 예언자는 '앞으로 다가올 일을 미리 짐작하여 말하는 사람'을 가리키지만, 이사야, 예레미야 등 기독교에서 말하는 예언자는 '과거 일이든 현재 일이든 미래의 일이든, 하나님의 말씀을 맡아서 그것을 말하는 사람'입니다. 그래서 한자 표기도 다릅니다. 일반적인 예언자는 '豫言者'(미리 예, 말씀 언), 기독교의 예언자는 '預言者'(맡을 예, 말씀 언)입니다.

그런데 최근에 만들어진 국립국어원의 표준국어대사전에는 기독교 특유의 예언자(預言者)가 사라지고 예언자(豫言者)만 남았습니다. 잘못된 일입니다.

25. 드러내다/들어내다

'드러내다'와 '들어내다'는 서로 엄연히 다른데, 잘못 쓰는 경우를 많이 봅니다. 소리가 같으니 말할 때는 표시가 안 나는데 글로 쓸 때는 나타납니다. 긴말이 부질없고, 둘이 다르다는 것을 국어사전의 풀이에서 확인해보겠습니다.

드러내다 (동사)

1. 가려 있거나 보이지 않던 것을 보이게 하다. '드러나다'의 사동사.

어깨를 드러내는 옷차림/하얀 이를 드러내고 웃다/구석에서 옷을 갈아입던 연희가 허연 등을 드러내 놓은 채 종알거렸다(한수산, 『부초』)./사람들은 그

것이 혹시 썰물 때만 잠깐 모습을 드러냈다가 밀물 때가 되면 다시 수면 아래로 가라앉은 거대한 산호초 더미가 아닌가 의심했다(이청준, 『이어도』).

2. 알려지지 않은 사실을 보이거나 밝히다. '드러나다'의 사동사.

본색을 드러내다/속마음을 드러내다/그는 어린 시절에 천재성을 드러냈다./그는 사람들에게 저의를 드러내기 시작했다./평소에 별로 희로의 감정을 드러내지 않는 그의 얼굴도 알아보게 밝아져 있었다(이문열, 『영웅시대』).

들어내다 (동사)

1. 물건을 들어서 밖으로 옮기다.

방에서 이삿짐을 들어내다/창고에서 재고품을 들어내다/생선의 배를 가르고 내장을 들어내다/곡식을 깡그리 들어내 그들이 기거하는 강변 나루터 윗목 토막집으로 걸머지고 갔다(문순태, 『타오르는 강』).

2. 사람을 있는 자리에서 쫓아내다.

저놈을 여기서 당장 들어내지 못할까!/흥, 옛날 상소 하나로 대원군을 들어내듯 왕명이면 수만 일본 군사도 들어낼 줄 아는 모양이야(박경리, 『토지』).[2]

26. 귀신(鬼神)

우리 전통에서는 귀신을 분리해서 인식했습니다. '귀'(鬼)는 잡귀나 악귀, 즉 좋지 않은 존재고 '신'(神)은 착한 신, 즉 우리에게 좋은 것을 베푸는 존

2 국립국어원 표준국어대사전(https://stdict.korean.go.kr/main/main.do).

재로 본 것입니다. 그래서 굿이나 제사는 선신에게 복을 달라든지 그런 신을 높이거나 추모하기 위해서 하는 것이고, 푸닥거리나 독경은 잡귀, 악귀를 물리치기 위해서 하는 의식이었습니다. 물론 집에서 모시는 조상 제사도 귀(鬼)가 아닌 신(神), 즉 조상신을 향한 것이었습니다.

이것을 모른 채 무조건 귀신을 하나로 싸잡아서 생각하면 곤란합니다. 이런 구분으로 본다면 우리 하나님은 신(神) 가운데서 최고의 신인 것이고, 사탄은 귀(鬼) 가운데 가장 악랄한 귀, 최악의 귀(鬼)인 셈이지요. 그래서 마귀(魔鬼)라고 부르고 마신(魔神)이라고는 하지 않습니다.

27. 왼편 빰도 돌려대며

> 나는 너희에게 이르노니 악한 자를 대적하지 말라. 누구든지 네 오른편 뺨을 치거든 왼편도 돌려대며(마 5:39)

유대 사회에서 남의 오른편 뺨을 때리는 것은 상대를 무시하는 행동이었습니다. 이는 때리는 사람이 오른손이 아닌 왼손으로 때리는 행동으로서, 아랫사람에게나 하는 것이었습니다. 한마디로 대등한 인격체로 여기지 않는 모욕적인 행위였다는 거죠.

누가 믿는 우리에게 그렇게 하거든 대들지 않는 것은 물론이고 왼편 뺨도 돌려대라는 것이 주님의 가르침입니다. 이것이 산상수훈의 교훈입니다. 세상에서는 발견할 수 없는 놀라운 포용과 관용의 가르침입니다. 거룩한 가르침입니다. 이 의미를 분명하게 알고 있어야 합니다.

어찌 보면 속없는 사람처럼 대하라는 것입니다. 그 사람을 불쌍히 여기는 마음으로 그러라는 것입니다. 같이 맞서면 똑같은 사람이 되니, 한 수 위에서 내려다보며 그러라는 것입니다. 그리하여 상대가 양심에 찔려 감동하게 하라는 것이지요.

28. 교회 발전/교회 성장

교회 규모가 커지고 형편이 좋아진 것을 보고 흔히 이렇게 말합니다. "교회가 많이 발전했군." 하지만 이는 어색한 표현입니다. "교회가 많이 성장했군"이 자연스럽습니다.

'발전'이란 '더 낫고 좋은 상태나 더 높은 단계로 나아가는 것'입니다. 용례로는 '대학의 발전', '서울시 발전 계획', "회사가 발전하려면 사원들의 협력이 필요하다", "지역 발전을 위해서는 교통이 좋아져야 한다" 등을 들 수 있습니다. 이 발전은 생명이 없는 사물을 대상으로 삼는 말입니다. 생명체를 대상으로 발전이라는 말을 쓰면 부자연스럽습니다. "그 고양이가 발전했다", "그 강아지가 발전했다", "그 사람이 발전했다"라고 하면 어색해집니다.

생명체한테는 '성장'이 어울립니다. "그 친구는 많이 성장했다", "우리 아들이 많이 성장했네", "나날이 성장하는 청년들이 우리의 희망입니다"처럼, 성장은 주로 생명체에게 쓰이는 말입니다. "학교가 많이 발전했다"라는 말은 해도 "학교가 많이 성장했다"라는 말은 하지 않습니다. 그런데 교회에 대하여는 "교회가 많이 성장했다"라는 말을 자연스럽게 합니다. 교회는 생명이 없는 사물이 아니라 생명체, 유기체라는 생각을 반영한 것입니다. 즉, 교회는 '주님의 몸'이라는 개념이 있기 때문에 "교회가 성장했다"라는 표현이 자연스럽게 느껴지는 것입니다.

주님의 몸인 교회는 '그리스도의 몸'이라는 생명체이므로 "교회가 많이 발전했군요"보다는 "교회가 많이 성장했군요"라고 표현하는 것이 좋습니다.

29. 천당/천국/하나님 나라

'천국' 또는 '하나님 나라'라는 개념은 신약에 와서 나타납니다. 구약에서는 '스올'이라고 하는 우리의 저승 비슷한 개념과 지상천국적인 개념만 나옵니다. 이사야에서 "어린 양이 사자와 함께 뛰놀고, 어린아이가 독사 굴에 손 넣어도 괜찮은 세상이 이루어질 것"이라는 대목이 그것입니다.

복음서에서 예수님의 가르침을 통해 천국과 하나님 나라 개념이 우리에게 제시되는데요, 그 명칭이 복음서에 따라 다릅니다.

마태복음에서는 "천국"(天國)이라는 표현을 씁니다. 의역하면 '하늘나라'이고 직역하면 '하늘들의 나라'입니다. '하늘 천'(天)과 '나라 국'(國)을 쓰므로 한자문화권에 속하는 우리는 불교의 '천당'(天堂)처럼 이 세상과는 무관한 곳, 저 하늘에 있는 어떤 독립된 공간, 죽어서 가는 미래의 공간으로 생각하기 쉽습니다. 실제로 그렇게 여기는 경향이 강하고요. 하지만 "천국"이라는 표현은 마태복음에만 나오고 다른 복음서에서는 달리 표현합니다. "하나님 나라"가 그것입니다. 마가, 누가, 요한 모두 그렇게 적고 있습니다.

그러면 그리스어 원어로는 어떻게 되어 있을까요? 마가복음, 누가복음, 요한복음에는 "바실레이아 투 테우"(Βασιλεία τουΘεου)로 되어 있습니다. 이 말의 뜻은 본래 '하나님의 지배'입니다. 그러므로 성경의 바실레이아 투 테우는 '하나님의 왕적인 지배', '하나님의 주권적인 지배' 즉 '영원하고 보편적인 통치'를 나타냅니다. 어떤 공간이라는 개념을 나타내기보다 상태를 말합니다. 예수님이 "하나님의 나라는 너희 안에 있느니라"(눅 17:21)라고 말씀하실 때의 바실레이아 투 테우가 바로 이것입니다. 지금 여기가 바실레이아 투 테우일 수도 있다는 것이지요.

바실레이아 투 테우를 번역하지 않고 그냥 둘 수도 있겠지만 일반 독자들이 이해하지 못하므로 부득이 이미 그들이 알고 있는 말을 가지고 번역하다 보니 '하나님 나라'가 된 것입니다. 완전하신 하나님이 다스리는 상태, 완전하게 그분의 뜻대로 통치하는 나라, 주기도의 구절처럼 하나님의 뜻이 이루어지고 실현되는 상태라는 뜻으로서 '하나님 나라'라고 번역한 것이지요.

그런데 왜 마태는 "하늘나라", "천국"으로 표현했을까요? 물론 "하나님 나라"로도 표현했지만, 주로 천국이나 하늘나라라고 한 이유가 무엇일까요? 그것은 마태복음의 일차적 독자층이 유대인들이었기 때문입니다. 유대인들은 하나님이라는 이름을 감히 잘 부르려 하지 않는 관습이 있습니다. 어찌나 예민한지 성경을 읽다가 '하나님'이라는 말이 나오면, 읽지 않거나 '주님'으로 바꿔서 읽었다고 하죠. 그러다가 그만 해당 표기의 발음이 '야흐오'인지 '야웨'인지 다른 무엇인지 잊어버려 오늘날에도 논란이 되고 있을 정도입니다.

유대인 마태가 유대인 독자를 위해 기록한 마태복음에서 저자 마태는 '하나님'이라는 말을 함부로 입에 올리지 않는 유대인 독자를 위해, 바실레이아 투 테우라고 하는 대신 '하늘나라'(하늘들의 나라, 즉 우주적인 나라)라는 말로 바꿔서 표현했습니다. 원래 의미는 바실레이아 투 테우입니다. 다른 복음서인 마가복음, 누가복음, 요한복음은 독자 범위에 유대인만이 아니라 이방인까지 포함됐기 때문에 자연스럽게 '하나님'이라는 말을 썼을 뿐, 뜻하려 한 바는 똑같습니다. 그래도 유대인들은 알아들었던 것입니다. "하늘에 계신 우리 아버지"라고 기도할 때 그 하늘이 공간상의 하늘이라기보다 '높은 차원'임을 알아, 전지전능하신 하나님, 절대적인 하나님 이미지를 떠올렸던 것과 마찬가지입니다.

문제는 우리가 성경을 읽고 하나님의 나라를 생각할 때 자꾸만 마태복음의 "천국"(하늘나라)이라는 말에 치우쳐 '하늘에 있는 나라'로만 생각하기 쉽다는 사실입니다. 마태가 말한 "천국"은 '하나님 나라'를 에둘러 표현한 것일 뿐, 절대로 하늘에 있는 나라, 죽어서 가는 천당이라는 개념으로 쓴 게 아닌데 그렇게 오해하기 쉽다는 것입니다. '天'(하늘 천)이라는 글자에 너무 집착한 나머지, 현재의 여기와는 거리가 먼 곳, 죽어서나 가는 곳으로 생각하는 것이지요. 찬송가 책에서 '천국'을 주제로 한 찬송을 찾아봐도 모두 미래의 천국 일색입니다. "주와 동행"이라는 주제에 들어 있는 438장 "내 영혼이 은총 입어"라는 곡이야말로 성경적인 '바실레이아 투 테우'(하나님의 나라) 개념을 제대로 나타내고 있는 찬송이라고 생각합니다.

마가복음, 누가복음, 요한복음의 "하나님 나라"까지 함께 생각해야 천국에 관해 올바른 개념을 잡을 수 있습니다. 언제 어디서든 하나님의 뜻이 실현되면 그때 그곳이 천국, 즉 바실레이아 투 테우라는 것이지요. "내 주 예수 모신 곳이 그 어디나 하늘나라"라는 찬송이 바로 그런 신앙을 고백한 것입니다. 내 마음이 하나님이 다스리는 상태가 되면 바로 하나님 나라가 내 마음에 이루어진 것이고, 아니면 지옥이라는 이야기지요. 아직 하나님 나라가 아닌 거죠.

마귀가 공중권세를 가진 이 지상에서 우리는 성령님의 도우심 가운데 지금 여기에 하나님 나라, 바실레이아 투 테우를 실현하기 위해 애써야 합니다. 예수님이 "회개하라, 천국이 가까이 왔다"라고 하셨을 때의 천국 개념이 바로 그런 것입니다. 내가 하나님을 모셔 들이고 그분의 뜻대로 살아가면 그런 내 마음, 내 가정, 내 나라가 천국인 것이지요. 그러다가 언젠가 주님이 다시 오시는 날, 마침내 그 바실레이아 투 테우가 완전히 성취(완성)될 것입니다. 그것이 바로 요한계시록에서 말하는 새 하늘과 새 땅이지요.

30. '하나님'은 '하나'(一)+'님'일까?

하나님이라는 말은 '하나'+'님'의 구조로 되어 있습니다. 흔히들 '하나'(一)라는 수사(數詞)에 '님'이라는 존칭 접미사가 결합되어 이루어진 말로 보는데, 그렇지 않습니다. 수사에 접미사 '님'을 붙이는 것은 우리 어법에는 없는 일입니다. 하늘의 고어 표기인 '하놀'에 '님'을 붙인 형태에서 후대에 ㄹ이 탈락되면서 '하ᄂᆞ님'으로 바뀌었다가, 다시 '하나님'으로 표기하게 된 것이 오늘날의 '하나님'입니다. 고어로 하나(一), 즉 '1'을 의미하는 말은 'ᄒᆞ나'로 표기하여 하늘을 의미하는 '하ᄂᆞ'와 철저하게 구분했습니다.

하지만 기독교에서 '하나님'이라는 말이 신자들에게 거부감 없이 자연스럽게 받아들여지고 있는 데는 까닭이 있습니다. '하나님'은 우리가 섬겨야 할 신이 유일신(唯一神)이심을 강조하는 용어입니다. 기존의 '하늘님', '하느님'은 다신교적 성격이 강한 말입니다. 나무신(木神), 바다신(海神) 등 많은 신 가운데 '하늘에 있는 신'을 가리키는 듯한 인상을 풍기기 때문입니다. 하지만 우리가 믿는 하나님은 많은 신 중의 하나가 아니라 오직 한 분밖에 없는 분입니다. 그러므로 '하나님'은 전통적인 하늘님 사상에 유일신 개념을 융합시켜서 만들어낸 표기라 하겠습니다. 이는 아주 절묘한 표현으로서, 세계 어느 지역에서도 이렇게 토착적인 최고신 개념에 기독교 유일의 창조신, 유일신 개념을 자연스럽게 통합한 신명은 없습니다. 영어권만 하더라도 그게 안 되니 일반 신들은 god, 기독교의 하나님은 God으로 표기하고 있는바, 발음으로 구분하기는 아예 불가능한 형편입니다.

그래서 지금 우리가 쓰는 '하나님'이라는 말은 사도신경에 나오는 것처럼 천지를 만드신 유일하고 절대적인 분을 가리킵니다. 하나님이라는 용어에는 그같은 신앙고백이 담겨있습니다. 따라서 이 용어를 사용하는 순간, 우리는 우상을 숭배할 수 없습니다. 하나님은 선택의 대상이 아니라 필수적이고 절대적인 분이십니다. 한국 기독교 초창기의 일화 하나를 소개해보자면, 전도를 받아들인 어느 무당이 불상 옆에 십자가도 걸어놓고 영업했다고 합니다. 이런 것은 유일신 신앙이 아닙니다. 모든 잡신을 다 섬기는 다신교 신앙의 토대 위에 예수님도 그 신들 중 하나로 숭배하는 것이기 때문입니다.

요즈음 기독교계 일각에서 하나님 대신 하느님으로 용어를 바꾸자는 의견이 있습니다. 천주교처럼 하자는 것입니다. 우리 애국가에서 "하느님이 보우하사"라고 하는 것처럼 그렇게 하자는 것입니다. 거부감을 줄일 수 있다는 점에서는 긍정적인 측면도 있습니다. 하지만 앞에서 말한 것처럼 일반사회에서 사용하는 하느님이라는 용어와 기독교의 하나님이 꼭 일치하는 것은 아니므로 조심스럽게 접근할 문제라고 봅니다.

31. 서양 인명들의 우리말 성경에서의 표기

널리 알려진 서양 인명들이 우리말 성경에서 어떻게 표기되었는지 알아보겠습니다. 유명한 인물들의 이름이나 우리가 흔히 아는 이름들이 성경에서 나왔다는 사실을 알면 그 이름을 더욱 친근하게 느낄 수 있을 것이며, 서양문화를 이해하는 데도 도움이 될 것입니다.

미리 일러둘 것은, 서양식 인명에서 앞부분이 이름이고 뒷부분이 성씨라는 사실입니다. 조지 부시 미국 대통령의 경우, 부시는 성씨이지 이름이 아닙니다. 이름이야말로 개인의 특성을 잘 드러내는 부분이자 부모의 소망이 드러난 부분이니 이름에 주목해야 합니다. 그런 관점에서 몇몇 인명을 살펴보겠습니다.

- 에이브러햄(Abraham) 링컨: 아브라함(믿음의 조상)
- 아이작(Isaac) 뉴턴: 이삭(아브라함의 아들, 야곱의 아버지)
- 마이클(Michael) 잭슨: 미가엘(천사장)
- 조너선(Jonathan): 요나단(다윗의 친구, 사울왕의 아들)

- 메리(Mary): 마리아
- 마크(Mark) 트웨인: 마가(마가복음의 저자)
- 존(John) F. 케네디: 요한(프랑스어권에서는 장, 스페인권에서는 후안)
- 폴(Paul) 뉴먼: 바울(프랑스어권에서는 폴. 강경에 있는 '쌘뽈여자고등학교'의 '쌘뽈'은 '성 바울'의 프랑스식 발음)
- 피터(Peter): 베드로(예수님의 수제자)
- 토마스(Thomas) 만: 도마(의심 많은 제자)
- 제임스(James) 딘: 야고보(예수님의 동생)
- 엘리자베스(Elizabeth): 엘리사벳(세례요한의 어머니)
- 조엘(Joel): 요엘(선지자)
- 사이먼(Simon): 시몬(베드로의 원래 이름)
- 앤드루(Andrew): 안드레(예수님의 제자, 베드로의 형제)
- 필립(Phillip): 빌립(나다나엘을 인도한 예수님의 제자)
- 너서니얼(Nathaniel) 호손: 나다나엘(예수님의 제자)
- 매슈(Matthew) 아놀드: 마태(세리에서 예수님의 제자가 된 마태복음의 저자)
- 요세푸스(Josephus)/조셉(Joseph)/호세(José): 요셉(야곱의 열한 번째 아들)
- 해나(Hannah)/앤(Ann)/아냐(Аня)/아나(Ana)/안나(Anna): 한나(사무엘의 어머니)
- 애덤(Adam) 스미스: 아담

32. '요한'에서 유래한 서양인의 이름들

서양에서 가장 인기 있는 이름은 요한에서 유래했습니다. 영어로는 존(John), 프랑스식으로는 장(Jean), 아일랜드식으로는 숀(Seán), 스코틀랜드식으로는 이안(Iain)이며, 잉글랜드에서는 셰인(Shane)이라는 철자로도 씁니다. 그 외에 독일의 요한네스(Johannes), 스페인의 후안(Juan), 핀란드의 얀(Jean) 등이 쓰입니다.

33. 일점일획

> 진실로 너희에게 이르노니, 천지가 없어지기 전에는 율법의 일점일획도 결코 없어지지 아니하고 다 이루리라(마 5:18).

여기 나오는 "일점일획"은 우리 글자인 한글에 대한 지식만으로는 제대로 이해하기 어렵습니다. 세종대왕이 만든 훈민정음 원본에는 점이 나오지만 지금은 모두 획으로 바뀌었기 때문입니다.

일점일획에서 '점'은 히브리 문자를 알아야만 비로소 생생하게 느낄 수 있습니다. 히브리어 문자에서 가장 작은 글자는 '요드'(י)입니다. 엄밀히 말하면 점이 아니라 작은따옴표처럼 생겼지만 하도 작아서 우리말로 표현하면 '점'이라고 할 수 있으므로 우리말 성경에서 '점'이라고 번역한 것입니다.

그렇다면 '획'(劃)은 무엇일까요? 그리스어 원문으로 보면 "케라이아”(κεραία)라고 되어 있는데, 이는 히브리 문자의 작은 각획(角劃, 돌출부, 갈고리)을 가리킵니다. 예컨대 ד(달렛)과 ר(레쉬)라는 두 문자를 보면 우리에게는 비슷한 글자로 보입니다. 하지만 전자는 ㄱ 모양 왼쪽 위에 작게 돌출된 부분이 있고, 후자는 ㄱ 모양 오른쪽 아래가 한자의 '삐침'처럼 뾰족하게 나와 있습니다. 모양만 비슷할 뿐 전혀 다른 문자입니다. 전자는 d, 후자는 r 음가입니다. 이처럼 돌출된 부분이 케라이아입니다.

34. 개신교의 상징

개신교의 상징을 십자가로들 알고 있는데, 원래부터 십자가였던 것은 아닙니다. 초기 개신교의 상징은 십자가가 아니라 잔(盞)이었습니다. 술잔이 아니라 성찬식용 잔이었던 것이지요. 왜 그랬을까요?

종교개혁 이전, 즉 가톨릭이 지배하는 세상이었던 중세에는 성찬식 때 사제만 잔을 들고 마실 수 있었습니다. 평신도들은 빵만 받아서 먹었으며, 그것도 절대로 씹어먹어서는 안 되었습니다. 빵이 예수님의 살로 바뀐다는 화체설(化體說) 때문이었습니다. 그래서 지금도 아주 얇은 과자 형태의 빵을 나눠줍니다. 개신교와는 좀 다르지요. 그리고 잔은 오직 교황과 사제들만 마셨습니다. 지금도 마찬가지입니다. 남은 포도주는 모두 예수님의 실제 피로 변한다고 보기에 사제가 다 마셔야 한다는 부담이 있습니다.

종교개혁으로 인해 개신교와 천주교 간에 전쟁이 일어났을 때, 개신교 측에서는 잔을 사용하게 해달라고 요구했고 천주교에서는 이를 허용하지 않았습니다. 전투하다가 개신교 측이 이겨서 예배당을 점령하면 건물 전면에 성찬용 잔을 만들어 걸어 놓았습니다. 드디어 잔을 얻었다는 표시로! 이제 우리도 예수님의 피를 마시고 그 피로 구원받고 죄 사함 받는 은총을 입었다는 표시로! 그러나 다시 전투가 붙어 구교 측이 이기면 그 잔을 떼어낸 다음 녹여서 성모 마리아상에 금칠을 했습니다. 지금도 프라하 광장의 예배당에는 잔을 붙였던 흔적이 그대로 남아 있고, 그 잔을 녹여 금칠한 성모 마리아상도 남아 있습니다.

그 전쟁 기간에 사용한 깃발에도 이것이 반영되어 있습니다. 개신교 측 깃발에는 성경과 성찬용 잔이 그려져 있었고, 천주교 측 깃발에는 십자가가 그려져 있었습니다. 종교개혁 당시 천주교 측에서는 십자가 군기를 앞세우고 많은 개신교도를 죽이고 핍박했습니다. 그래서 유럽의 개신교 예배당에서는 십자가를 찾아볼 수 없습니다. 한국 예배당에 십자가가 흔한 것은 미국 개신교의 영향입니다.

잘 알려져 있듯, 로마 제국 시대에 기독교가 박해받을 때의 상징은 물고기였습니다. '예수 그리스도 하나님의 아들 구세주'의 그리스어 약자가 '이크티스/익투스'(ΙΧΘΥΣ)로, 물고기라는 말과 같아서 생긴 상징이었습니다. 물론 십자가의 의미가 매우 심오하니 얼마든지 개신교의 상징으로 사용할 수 있습니다만, 위에서 밝힌 사연들만은 알아야 하지 않을까요?

35. 은 삼십

예수님을 넘겨주고 가룟인 유다가 받은 대가는 은 삼십(은화 서른 개)이었습니다. 은 삼십이라니까 상당한 액수처럼 들릴 수 있는데, 그렇지 않습니다. 고대 유대인 사회에서 노예 한 사람의 몸값이 은 삼십 정도였습니다. 예수님은 헐값에 팔린 것입니다.

36. 흠정역(킹제임스 버전)만이 진짜 성경일까?

흠정역, 즉 제임스 왕 역은 1611년 번역된 것으로서, 당시로서는 좋은 번역이었고 오랫동안 영어권 독자들의 사랑을 받은 성경입니다. 하지만 이 번역에 사용한 원어 성경들이 완전한 사본은 아니라는 게 후대의 연구를 통해 밝혀졌습니다.

이처럼 학문이 발전함에 따라 제임스 왕 역에서 잘못 번역한 부분들이 확인되면서, 개정된 번역이나 새로운 번역들이 나왔습니다. 그런데도 세상에는 제임스 왕 역본만을 하나님의 말씀으로 생각하는 사람들이 있어서 한국 장로교에서 이단으로 규정한 적도 있습니다.

성경의 사본과 관련해서는 대한성서공회에서 발행한 「성경원문연구」라는 학술지의 몇몇 논문을 참고하면 좋습니다. 최근에 나온 권동우 저자의 『킹제임스성경 유일주의의 망상』(CLC, 2016)에서는 흠정역만을 절대적으로 여기는 문제를 자세히 다루고 있습니다.

37. 성경에 나오는 어려운 낱말들

(1) 생소한 말: 미쁘시도다(고전 1:9)

신약에서는 '미쁘다'라는 표현이 많이 나옵니다. 고린도전서 1:9의 "하나님은 미쁘시도다"라든가 디모데전서 4:9의 "미쁘다, 이 말이여! 모든 사람들이 받을 만하도다" 등이 그것입니다. 도대체 이 말은 무슨 뜻일까요?

미쁘다는 것은 '믿음성이 있다', '미덥다'라는 뜻입니다. 그러므로 하나님이 미쁘시다는 말은 하나님은 신실하시다, 믿을 만한 분이시다, 한 번 약속한 것은 틀림없이 지키신다는 의미입니다. 새번역 성경은 "하나님은 신실하신 분이십니다"라고 표현했습니다.

(2) 어려운 한자어: 표적(요 2:18)

요한복음 2:18의 "이에 유대인들이 대답하여 예수께 말하기를, '네가 이런 일을 행하니 무슨 표적을 우리에게 보이겠느냐?'"라는 구절에서 쓰인 "표적"은 표적(標的, 목표로 삼는 물건)이 아닙니다. 표적(表蹟, sign)입니다. 곧 겉으로 나타나는 흔적이란 뜻의 표적입니다.

다른 말로 하면 표징 또는 기적입니다. 새번역 성경에는 "유대 사람들이 예수께 물었다. '당신이 이런 일을 하다니, 무슨 표징을 우리에게 보여주겠소?'"라고 나옵니다.

(3) 동음이의어와 헷갈리는 말: 인자(마 8:20)

성경에는 '인자'라는 낱말도 자주 나옵니다. 마태복음 8:20의 "예수께서 이르시되, '여우도 굴이 있고 공중의 새도 거처가 있으되 인자는 머리 둘

곳이 없다' 하시더라"라는 구절에서 "인자"는 과연 무슨 뜻일까요?

우리가 흔히 쓰는 인자는 '인자'(仁慈, 마음이 어질고 자애로움)입니다. 하지만 마태복음 8:20에 나오는 인자는 '인자'(人子)입니다. 이 말은 직역하면 '사람의 아들'인데, 성경에서 흔히 예수 그리스도께서 (단 7장에 빗대어) 자신을 일컬으실 때 사용하는 낱말로 등장합니다.

38. 절하다

십계명 중 제2계명은 "너를 위하여 새긴 우상을 만들지 말고, 또 위로 하늘에 있는 것이나 아래로 땅에 있는 것이나 땅 아래 물 속에 있는 것의 어떤 형상도 만들지 말며, 그것들에게 절하지 말며, 그것들을 섬기지 말라"(출 20:4-5)입니다. 이 대목에서 '절'한다는 것이 무슨 뜻일까요? 한국인으로서는 큰절이 연상됩니다. 무릎 꿇고 두 손 모아 하는 절 말입니다.

원어로 보면 어떨까요? 히브리어로 חוה(하바)는 '엎드리다', '스스로 절하다', '땅에 (납작하게) 엎드리다', '몸을 구부리다' 등을 뜻합니다. 중동 지역의 모슬렘들이 하루에 여러 번 성지를 향해 엎드려서 하는 절도 비슷한 것이겠지요. 성경이 금하는 것도 바로 이것입니다. 하나님이 아닌 다른 것, 즉 우상에게 큰절하지 말라는 것이지요.

이 계명 때문에 한국교회 초기 신자들이 많이 죽었습니다. 조상제사를 거부하다 죽었지요. 하기야, 천주교에 호의적이었던 남인계 채제공의 세력이 정조 사망 후 벽파에 의해 밀려나면서 정국의 주도권을 위해 천주교도들을 죽였다고 하니, 조상제사가 아닌 다른 것으로라도 꼬투리 잡아

죽였겠지만 말입니다. 일본 강점기의 신사참배 거부도 같은 맥락에서 이해해야 할 것입니다.

다만 현재의 조상제사까지도 우상숭배로 볼 것인가에 대해서는 논의가 필요하다고 봅니다. 살아있는 부모에게 절하여 예의를 표시하듯 죽은 부모나 조상에게 존경의 마음을 표현하는 정도라면, 굳이 우상숭배로 규정할 필요까지는 없지 않을까요?

39. 가르치다/가리키다

'가르치다'와 '가리키다'는 다른 말입니다. 국어사전의 풀이 가운데 대표적인 것만 보면 다음과 같습니다.

가르치다 (동사)

1. [···에게 ···을] 지식이나 기능, 이치 따위를 깨닫게 하거나 익히게 하다.

그는 그녀에게 운전을 가르쳤다./그들은 청소년들에게 신학문을 가르쳐 줌으로 해서 힘을 기르려고 생각하고 있었다(안수길, 『북간도』)./저는 지금 초등학교에서 어린아이들을 가르치고 있습니다.

가리키다 (동사)

1. 손가락 따위로 어떤 방향이나 대상을 집어서 보이거나 말하거나 알리다.

그는 손가락으로 북쪽을 가리켰다./시곗바늘이 이미 오후 네 시를 가리키고 있었다./나는 형사에게 뒷덜미를 잡힌 채 막사 안을 들여다보며 자고 있는

두 사람을 가리켜 주었다(황석영, 『어둠의 자식들』).[3]

성경에서도 둘을 구별하여 사용하고 있습니다. 예를 들면 다음과 같습니다.

(1) '가르치다'의 용례

예수께서 온 갈릴리에 두루 다니사 그들의 회당에서 **가르치시며**(마 4:23)

예수께서 거기서 떠나 유대 지경과 요단 강 건너편으로 가시니 무리가 다시 모여들거늘, 예수께서 다시 전례대로 **가르치시더니**(막 10:1)

갈릴리의 가버나움 동네에 내려오사 안식일에 **가르치시매**(눅 4:31)

예수께서 한 배에 오르시니, 그 배는 시몬의 배라. 육지에서 조금 떼기를 청하시고 앉으사 배에서 무리를 **가르치시더니**(눅 5:3)

(2) '가리키다'의 용례

모세가 여호와께 부르짖었더니, 여호와께서 그에게 한 나무를 **가리키시니**(출 15:25)

---

3 국립국어원 표준국어대사전(https://stdict.korean.go.kr/main/main.do).

여호와께서 여호수아에게 이르시되, '네 손에 잡은 단창을 들어 아이를 가리키라. 내가 이 성읍을 네 손에 넘겨 주리라.' 여호수아가 그의 손에 잡은 단창을 들어 그 성읍을 **가리키니**(수 8:18)

이 말씀은 가룟 시몬의 아들 유다를 **가리키심이라**. 그는 열둘 중의 하나로 예수를 팔 자러라(요 6:71).

이렇게 명백하게 구분되는 말인데도 '가르치다'를 '가리키다'로 잘못 표현하는 경우가 종종 있습니다. 사전에 있는 대로, 성경에서 구별해 쓰는 대로, 정확하게 사용해야 합니다.

40. 적다/작다

우리말의 '적다'와 '작다'는 그 의미에서 비슷한 점이 많지만 분명히 다른 말입니다. '적다'의 반대말은 '많다'이며, '작다'의 반대말은 '크다'입니다.

그 공원에는 항상 사람들이 (많다/적다).
사무실 방이 두 개 (많아졌다/적어졌다).
그 (많은/적은) 돈으로 무엇을 하겠니?
비가 (많이/적게) 왔다.
올해 우리 회사 수출량은 지난해보다 (많다/적다).
그 사람은 실무 경험이 (많다/적다).

환경 문제에 대하여 시민들의 관심이 (많다/적다).

위의 예에서 보는 바와 같이, '많다/적다'는 '수효'를 구체적으로 셀 수 있거나 '양'을 구체적으로 셈할 수 있는 것을 나타내는 데 주로 쓰입니다. 그리고 추상적인 것이기는 하지만, 경험, 관심, 사랑, 지식 등도 '많다/적다'로 나타냅니다.

영호는 키가 (크다/작다).
모자가 너무 (크다/작다).
이렇게 (큰/작은) 집에서 사니?
동그라미를 너무 (크게/작게) 그렸구나!

이 보기들은 '크다/작다'가 쓰이는 경우를 보여줍니다. '길이, 부피, 넓이'와 '규모, 범위, 정도'의 뜻을 나타내는 낱말들과 잘 어울리지요. '작다'를 써야 할지 '적다'를 써야 할지 분간이 안 될 때는, 반대말인 '많다'와 '크다'로 대체해보는 것으로써 검증하면 됩니다.

성경에서도 이를 정확하게 구분하고 있습니다.

(1) '적다'의 용례

그때에 너희 사람 수가 **적어서** 보잘것없으며, 그땅에 객이 되어(대상 16:19)

가산이 **적어도** 여호와를 경외하는 것이 크게 부하고 번뇌하는 것보다 나으니라(잠 15:16).

너희가 많은 것을 바랐으나 도리어 **적었고**, 너희가 그것을 집으로 가져갔으나 내가 불어 버렸느니라. 나 만군의 여호와가 말하노라. 이것이 무슨 까닭이냐? 내 집은 황폐하였으되 너희는 각각 자기의 집을 짓기 위하여 빨랐음이라(학 1:9).

(2) '작다'의 용례

보라! 내가 너를 여러 나라 가운데에서 **작아지게** 하였고, 사람들 가운데서 멸시를 받게 하였느니라(렘 49:15).

예수께서 그들의 믿음을 보시고 중풍병자에게 이르시되, '**작은** 자야! 네 죄 사함을 받았느니라' 하시니(막 2:5)

예수께서 무리가 에워싸 미는 것을 피하기 위하여 **작은** 배를 대기하도록 제자들에게 명하셨으니(막 3:9)

겨자씨 한 알과 같으니, 땅에 심길 때에는 땅 위의 모든 씨보다 **작은** 것이로되(막 4:31)

41. 틀리다/다르다

'틀리다'와 '다르다'는 매우 다른 낱말입니다. '틀리다'는 동사로서 '맞다'와 상대되는 개념으로 쓰이는 일이 많으며, '다르다'는 형용사로서 흔히 '같다'와 상대되는 개념을 나타냅니다.

그런데 일상생활에서는 '다르다'를 써야 할 자리에 '틀리다'를 쓰는 것을 종종 발견합니다.

서양인은 우리와 생각이 틀려요.

미국 영어와 영국 영어는 많이 틀립니다.

모두 잘못된 경우입니다. 각각 '달라요', '다릅니다'로 바꿔서 표현해야 합니다. 가정이나 교회에서 나와 성격이나 생각이 다른 사람과 어울리면서 나와 '다른' 것을 '틀린' 것으로 간주하면, 서로 공감하거나 소통하는 관계를 맺기 어렵습니다. 그냥 다를 뿐이라고 여길 수 있어야 서로 존중하며 평화롭게 살 수 있습니다.

42. 버스값/버스 요금

'값'이란 물건을 사고팔 때 치르는 돈을 뜻합니다. 과일값은 과일을 사려는 사람이 가게 주인에게 치르는 돈이고, 버스값은 버스를 사려는 사람이 치르는 돈입니다. 그러므로 "요즘 버스값이 얼마니?"라고 하는 말은 잘못

됐습니다. 버스를 이용하는 사람이 그 대가로 치르는 돈은 '버스값'이 아니라 '버스 요금'입니다. '버스 이용 요금'의 준말이지요.

택시 값과 택시 요금, 비행깃값과 비행기 요금도 마찬가지입니다. 이발 값이란 있을 수 없는 말이며, 이발 요금이나 이발료라고 해야 합니다. '요금'의 순우리말은 '삯'이어서, 성경에서는 '삯'으로 적고 있습니다.

성경에 나오는 '값'과 '삯'(요금)의 용례는 다음과 같습니다.

(1) '값'의 용례

내 주여! 내 말을 들으소서. **땅 값**은 은 사백 세겔이나 그것이 나와 당신 사이에 무슨 문제가 되리이까? 당신의 죽은 자를 장사하소서(창 23:15).

'또 내 잔 곧 은잔을 그 청년의 자루 아귀에 넣고 그 **양식 값** 돈도 함께 넣으라' 하매, 그가 요셉의 명령대로 하고(창 44:2)

네가 히브리 종을 사면 그는 여섯 해 동안 섬길 것이요, 일곱째 해에는 **몸값**을 물지 않고 나가 자유인이 될 것이며(출 21:2)

그가 밭이 있으매 팔아 그 **값**을 가지고 사도들의 발 앞에 두니라(행 4:37).

(2) '삯'의 용례

그러나 요나가 여호와의 얼굴을 피하려고 일어나 다시스로 도망하려 하여

욥바로 내려갔더니, 마침 다시스로 가는 배를 만난지라. 여호와의 얼굴을 피하여 그들과 함께 다시스로 가려고 **배삯**을 주고 배에 올랐더라(욘 1:3).

그들의 우두머리들은 뇌물을 위하여 재판하며, 그들의 제사장은 **삯**을 위하여 교훈하며, 그들의 선지자는 돈을 위하여 점을 치면서도 여호와를 의뢰하여 이르기를, '여호와께서 우리 중에 계시지 아니하냐? 재앙이 우리에게 임하지 아니하리라' 하는도다(미 3:11).

그 집에 유하며 주는 것을 먹고 마시라. 일꾼이 그 **삯**을 받는 것이 마땅하니라. 이 집에서 저 집으로 옮기지 말라(눅 10:7).

43. 장사/장수

'장사'와 '장수'를 구분하지 않고 사용하는 이가 적지 않습니다. 관념적으로는 구분하는 사람들도 실제 언어생활에서는 구분하지 않고 사용하기도 합니다. 그러나 '장사'와 '장수'는 엄연히 다른 낱말입니다. 국어사전에서는 다음과 같이 구별합니다.

장사: 이익을 위하여 상품을 파는 일.
장수: 상품을 파는 사람.

다시 말하면 장사는 '행위'(일)를 가리키고 장수는 '사람'을 가리킵니다. 따라서 '과일 장사'는 '과일을 파는 일(행위)'을 뜻하고 '과일 장수'는 '과일을 파는 사람'을 뜻합니다. "과일 장수가 과일 장사를 한다"라는 표현은 올바르지만, "과일 장사가 과일 장수를 한다"라는 표현은 올바른 말이 될 수 없습니다.

그리고 '장사하다'라는 파생 동사는 널리 사용되지만, '장수하다'라는 파생어는 없습니다. 일반적으로 잘못 사용하는 경우를 보면 '장수'를 써야 할 자리에 '장사'를 쓰는 잘못이 대부분입니다.

성경의 용례를 보이면 다음과 같습니다.

(1) '장사'의 용례

그 종 열을 불러 은화 열 므나를 주며 이르되, '내가 돌아올 때까지 **장사**하라' 하니라(눅 19:13).

성전에 들어가사 **장사**하는 자들을 내쫓으시며(눅 19:45)

비둘기 파는 사람들에게 이르시되, '이것을 여기서 가져가라. 내 아버지의 집으로 **장사**하는 집을 만들지 말라' 하시니(요 2:16)

들으라. 너희 중에 말하기를, '오늘이나 내일이나 우리가 어떤 도시에 가서 거기서 일 년을 머물며 **장사**하여 이익을 보리라' 하는 자들아(약 4:13)

한편 사도행전의 다음 구절은 표현이 잘못되었습니다. 국어 어법에 어긋난 표기입니다. '옷감 장수'라고 적어야 할 것을 '옷감 장사'로 표기했기 때문입니다.

> 두아디라 시에 있는 자색 **옷감 장사**로서 하나님을 섬기는 루디아라 하는 한 여자가 말을 듣고 있을 때, 주께서 그 마음을 열어 바울의 말을 따르게 하신지라(행 16:14).

(2) '장수'의 용례

공동번역과 새번역 성경은 이것을 정확하게 표기하고 있습니다.

> 그들 가운데는 리디아라는 여자가 있었는데 그는 티아디라 출신으로 자색 **옷감 장수**였고 하느님을 공경하는 여자였다. 주께서는 그 여자의 마음을 열어 바울로의 말을 귀담아 듣게 하셨다(공동번역).

> 그들 가운데 루디아라는 여자가 있었는데, 그는 자색 **옷감 장수**로서, 두아디라 출신이요, 하나님을 공경하는 사람이었다. 주님께서 그 여자의 마음을 여셨으므로, 그는 바울의 말을 귀담아 들었다(새번역 성경).

44. 양해 말씀 드립니다

"양해 말씀 드리겠습니다. 아직 신부 측 하객들이 오시지 않아 예식은 예정 시각보다 20분쯤 뒤에 시작하겠습니다." 혼례식장에서 이따금 듣는 말입니다. 시작 시각을 좀 늦추게 되었으니 이해해 달라는 뜻으로 하는 말이지요. 교회의 모임에서도 "양해 말씀을 드립니다"라고 하는 말을 자주 듣습니다. 그러나 이런 경우 "양해 말씀"이라고 하는 것은 옳지 않습니다.

'양해'라는 낱말을 국어사전에서 찾아보면, '남의 사정을 잘 헤아려 그럴 수도 있겠다고 여겨 줌'이라고 되어 있습니다. 그러니 위의 경우 양해해줄 할 사람은 손님들이지 행사 주관자가 아닙니다. 행사를 주관하는 쪽에서는 손님들이 양해해주기를 '바라는' 것입니다. 양해해주기를 '바라는' 사람이 양해 말씀을 드린다고 하는 것은 말이 되지 않습니다.

"여러분의 양해를 구합니다."

"여러분의 양해를 바랍니다."

"여러분께서 양해해주시기 바랍니다."

"잠시 사과 말씀 드리겠습니다."

이렇게 표현하는 것이 좋습니다. 양해 말씀이라는 표현이 적절할 경우는 이렇습니다. 영수가 손윗사람 몽룡에게 어떤 사정을 이야기했을 때, 영수가 하는 말에 대해 몽룡이 긍정하거나 이해해 주는 말을 했다면, "그 문제에 대해서 몽룡의 양해 말씀이 있었다"라는 식으로 말하는 것은 옳습니다.

성경에서는 '양해'를 다음과 같이 썼습니다.

> 다 일치하게 사양하여 한 사람은 이르되, '나는 밭을 샀으매 아무래도 나가 보아야 하겠으니 청컨대 **나를 양해하도록 하라**' 하고 또 한 사람은 이르되, '나는 소 다섯 겨리를 샀으매 시험하러 가니 청컨대 **나를 양해하도록 하라**'

하고(눅 14:18-19, 개역개정판)

그런데 그들은 모두 하나같이 핑계를 대기 시작하였다. 한 사람은 그에게 말하기를 '내가 밭을 샀는데, 가서 보아야 하겠소. 부디 **양해해주기 바라오**' 하였다. 다른 사람은 '내가 겨릿소 다섯 쌍을 샀는데, 그것들을 시험하러 가는 길이오. 부디 **양해해주기 바라오**' 하고 말하였다(새번역 성경).

45. 저희 나라

우리나라 사람끼리 대화하면서 '저희 나라'라는 표현을 쓰는 경우가 많은데, 이는 부적절한 표현입니다.

'저희'는 '우리'의 '낮춤말'(겸양어)입니다. 듣는 이(상대편)에게 '우리'를 낮추어 말하고자 할 때만 '저희'를 쓰는 것입니다. 예를 들어, 자기 집에 관해 다른 사람에게 말할 때는 '저희 집'이라고 표현할 수 있습니다. 같은 집에 사는 사람이 아니라면 말입니다. 같은 집 식구에게는 '우리 집'이라고 하는 것이 맞습니다.

'나라'도 그렇습니다. 우리 국민끼리 대한민국을 가리켜 말할 때는 어떤 경우에든 우리나라라고 해야 합니다. 우리 국민끼리 '저희 나라'라고 하는 것은, 한 형제끼리 대화하는 중에 자기 아버지를 가리켜 "형, 저희 아버지 어디 가셨어요?"라고 하는 것처럼 부자연스러운 표현입니다. 국제무대에서 외국인과 대화할 때도 마찬가지입니다. 국제 사회에서 나라는 서로 간에 동등해야 하기 때문입니다. 그것이 인류의 지향점이며, 우리의 자존심을 지키는 길이기도 합니다.

46. 아내/부인

'아내'는 높임이나 낮춤의 뜻이 없는 중립적인 말입니다. 그러므로 자기 배우자를 남에게 말할 때 가장 보편적으로 사용할 수 있는 낱말이 바로 아내입니다.

그렇다면 남의 아내를 높이고자 할 때는 어떻게 해야 할까요? '부인'이라는 표현이 적당합니다.

"이영희 여사는 김철수 교수의 부인이십니다."

"최 사장, 부인께서는 안녕하신가요?"

그런데 이런 말을 할 때 주의할 점이 있습니다. '부인'에는 높임의 뜻이 있으므로 여성 스스로 자신을 '아무개의 부인'이라고 일컫거나 남성이 자기 아내를 '우리 부인'이라고 일컫는 것은 망발입니다.

반면에 남편이 자기 아내를 겸양어로 표현할 때나 여성이 스스로 자신이 누구의 아내임을 낮추어 말하고자 할 때는 '아내', '안사람', '내자', '처'와 같은 말을 씁니다.

"제 안사람은 이런 사람입니다."

"제 아내도 오늘 옵니다."

“이 사람이 제 처입니다.”

“저는 홍길동 부장의 처 되는 사람입니다.”

47. 한국어/한글

공식적인 국보 1호는 숭례문(남대문)이지만, 진짜 국보 중의 국보는 훈민정음이라고 생각합니다. 훈민정음은 우리말인 한국어를 표기하는 데 최적화한 문자입니다.

그런데 1910년 무렵 우리 문자의 이름을 ‘한글’이라고 바꿨습니다. 글자가 한데 모여 글이 되는 것으로서 글자와 글은 엄연히 다른데, 문자(알파벳)를 글이라고 부르게 된 셈이지요.

‘한자=한문’이 아니고 ‘로마자 알파벳=영어’가 아니듯이 ‘훈민정음=한국어’가 아닙니다. 그러나 훈민정음을 한글이라고 부르게 된 순간부터 문자를 글로 오해하기 시작하여 많은 사람이 문자와 언어를 혼동하게 되었습니다.

“세종대왕이 한글 만들기 전에는 어느 나라 말 썼나요?”라고 물어보는 이도 있을 정도입니다. 한글날을 우리말 만든 날로 오해하고 있는 것이죠. “한글을 잘해야 영어도 잘해.” “한글이 최고 우수한 언어”와 같은 말도 한국어를 한글로 오인하여 잘못 표현한 사례들입니다.

48. 나의/내

어느 결혼식에 참석했더니, 주례가 신랑 신부에게 당부하며 이렇게 말하더군요. "인생의 선배로서 몇 마디 당부할게요. 신랑 신부는 나의 말을 잘 듣고 그대로 살아 행복하기를 바랍니다." 그런데 이 경우, "나의 말"이라는 표현은 우리말답지 않아 어색합니다.

우리가 부르는 동요 "고향의 봄"에도 "나의 살던 고향은"이라는 표현이 나오지요. 문제 있는 표현입니다. 이른바 외국어 번역투입니다. "내가 살던 고향"이라고 해야 우리말답죠. 평소에 말할 때 "나의 살던…"이라고는 하지 않으니까요. '나의 고향', '나의 집'과 같은 표현도 마찬가지입니다. 글이라면 몰라도 말할 때 '나의 고향', '나의 집'이라고는 않습니다.

'내 고향', '우리 집', '우리 가족', '우리 아버지', '우리 누나', '우리 동생', '내 돈', '내 밥', '내 목숨'이라고 표현하는 것이 우리말입니다. 꼬박꼬박 '나의…'라고 하는 것은 다분히 일본말과 서양말의 영향입니다. 그런 표현을 쓰면 쓸수록 어색한 느낌이 드니 유념할 일입니다.

물론 성경에도 시편 같은 책에는 "나의 하나님"을 비롯해 그러한 표현이 나옵니다만, 이는 문어적으로 표현한 것입니다. 구어로는 우리말답게 '내 하나님', '우리 하나님'이라고 표현하는 것이 좋습니다.

한국어의 특징

• 존대법이 발달한 언어입니다. 지구상에서 존대법이 가장 많이 발달한 언어라고 해도 과언은 아닐 것입니다. 윗사람은 높이고 나는 낮추는 어휘, 조사, 어미가 발달해 있습니다. '우리'를 '저희'로, '밥'을 '진지'로 표현하는 것이나, '아버지께서', '하십시오' 등의 표현이 그 예입니다. 미국 아이들은 할아버지에게조차 이름을 부르기도 합니다.

• 주어+목적어+서술어의 구조로 말합니다. 목적어가 서술어보다 앞에 옵니다. 목적어가 서술어보다 앞에 옴으로써, 속마음 먼저 드러내는 언어입니다. 성분을(특히 주어를) 생략하지 않는 서구 언어는 형식성, 논리성을 중시하는 언어라 하겠습니다. 서술어 다음에 목적어가 오는 영어는 끝까지 다 들어봐야만 속마음을 알 수 있는 언어입니다.

• 주어 등의 성분을 흔히 생략합니다. 서구 언어 중에서도 영어의 아버지인 라틴어, 형님뻘인 스페인어에는 주어 생략 현상이 있는데, 영어에 와서 없어졌습니다. 문맥을 통해 이해된다는 것이 한국어의 특징입니다. 상황과 맥락을 중시하는 언어입니다. 눈치가 있어야 하고 빨라야 합니다.

- '그녀'나 '그'라는 3인칭 대명사가 말에는 없습니다. 글에서만 씁니다("엽기적인 그녀"). 그마저도 근대 들어 일본에 유학 갔다 온 김동인을 비롯한 지식인들이 억지로 만든 말입니다. 우리는 '그 사람', '그분', '그 아주머니'라고 표현합니다. 지금도 구어로는 그렇게 말합니다.
- 서구에는 모든 명사에 성별을 부여하는 언어들이 많은데, 우리말에는 그런 것이 없습니다.
- 우리말 '인간'이라는 말이 영어에는 없습니다. 'man' 하나로 남자와 사람을 다 표현합니다. 'human'이나 'mankind'는 '인류' 등 거창한 표현을 할 때 동원되기 일쑤입니다.
- '우리 아내', '우리 집'처럼 '우리'라는 말을 즐겨 씁니다. 영어에는 없는 표현입니다.
- 우리말에서는 연장자에 대해 경어법(존대법)에 따라 깍듯이 말을 바꿔 써야 하므로 친구로 지내기 어렵습니다. 같은 나이거나 한두 살 차이 정도 날 때만 친구로 지냅니다. 미국은 말 자체가 반말이라 누구와도 친구가 가능합니다.
- 한국어는 복수를 표시하는 방법이 영어와 다릅니다. 예를 들어, 영어에서는 'many books'처럼 많다는 말로 꾸밈을 받는 뒷말인 book에 복수라는 표시로 's'를 꼬박꼬박 붙이지만, 한국어에서는 그냥 '많은 사람'이라고 합니다. '모든 사람들'이 아니라 '모든 사람'이면 족합니다. 이것이 한국어입니다. 요즘 영어를 공부한 이들이 영어처럼 '많은 사람들', '100명의 사람들'이라고 표현하는데 잘못입니다. 결혼식 주례사에서도 흔히 "오늘 두 젊은이들이 부부가 되

었습니다"라고들 하는데, '오늘 두 젊은이가'로 표현해야 우리말 답습니다.

- 일본어와는 달리 '의'라는 소유격 조사를 흔하게 쓰지 않는 것이 우리 전통입니다. 이인직이 쓴 신소설의 제목 『혈의 루』(血의 淚)는 다분히 일본어식 표현입니다. 우리는 그냥 '피눈물'이나 '혈루'(血淚)라고 해왔고 지금도 그렇습니다. '의'를 마구 붙이는 것은 일본어 잔재입니다. 거기에 영어까지 가세하여 우리 전통이 훼손되고 있습니다. '나의 집'이 아니라 '내 집', '우리 집'으로 족한 것이 우리말입니다.
- 숫자를 말할 때 우리는 "부자 한 사람이 있었다", "부자 하나가 있었다" 또는 "한 부자가 있었다"라고 표현합니다. 영어에서는 "한 명의 부자가 있었다"라는 식으로 표현합니다. 우리 식으로 표현해야 자연스럽습니다.

글쓰기의 중요성과 비결

1. 머리말

무슨 일이든 잘하려면, 1만 시간 이상의 시간을 집중투자해야 합니다. 이른바 '1만 시간의 법칙'입니다. 이 사실은 『아웃라이어』라는 책에서, 이른바 성공한 사람들을 인터뷰한 결과를 근거로 주장한 내용이면서 우리 경험과도 일치해 공감할 만합니다.

따라서 1만 시간을 투자할 각오가 없다면 글쓰기를 잘하려는 생각은 접는 게 좋습니다. 제 경우만 해도 대학 다닐 때부터 지금까지 끊임없이 일기를 쓰거나 인터넷 글쓰기 등을 한 결과, 지금은 글 쓰는 것이 크게 부담되지는 않으며, 단독 저서만 45종입니다. 1만 시간을 훨씬 넘는, 끊임없는 글쓰기와 메모의 결과라고 생각합니다.

아리스토텔레스의 『니코마코스의 윤리학』에 따르면 행복은 개인이 가진 가능성을 최대한 발현한 상태라고 합니다. 저도 그 말에 동의합니다. 글을 쓰는 능력은 인간만이 지닌 고유한 가능성입니다. 즉 인간 고유의 것입니다. 다가오는 100세 시대에 은퇴 이전은 물론 은퇴 후에도 30~40년을 더 살아야 하는 우리로서는 더더욱 이 가능성을 충분히 발휘해야만 행복할 수 있다고 생각합니다.

삶이란 무엇입니까? 이해와 표현의 과정이라고 할 수 있습니다. 그것은 자기실현이자 더불어 소통·교감하며 살기의 과정이라고도 말할 수 있습니다. 말하기와 글쓰기는 생명을 유지하는 수단이면서 보호하는 장치이기도 합니다. 말하고 듣고 읽고 쓰는 능력에 부족함이 없거나 뛰어날수록 우리의 삶이 풍요로워지는 것은 물론, 남에게 인정도 받고 죽은 후에도 좋은 영향을 미치게 됩니다.

글을 쓸 줄 모르는 사람이 있다고 상상해 봅시다. 그런 사람은 남의 글을 표절하게 됩니다. 반면 글을 잘 쓰는 사람은 표절할 필요가 없습니다. 자신의 경험과 생각을 조리를 갖추어, 풍부한 비유와 수식을 덧붙여가며, 설득력 있게 감동적으로 표현해냅니다. 더욱이 목회하는 분들은 하나님의 말씀과 진리를 잘 정리하고 풀어서 사람들에게 전달해야 하므로 글쓰기가 기본입니다. 설교의 밑그림이나 대본과도 같은 설교문을 잘 작성해야 말하기도 좋을 테니까요.

2. 글쓰기의 중요성과 비결

(1) 글쓰기의 중요성

글쓰기는 정확한 사람을 만듭니다. 기록을 남김으로써 후세에 오래 기억되며 영향을 미칠 수도 있습니다. 자기 치유가 일어나고 다른 사람과의 친교와 소통, 나아가 상호 이해에 이를 수 있습니다. 교회에서의 글쓰기는 하나님의 진리를 사람들에게 정확하고 쉽게 전달하는 강력한 수단입니다. 글쓰기 훈련이 제대로 되어 있지 않으면 진리 전달이나 교육이 그만큼 덜

효과적일 것입니다.

(2) 글쓰기의 비결

1) 관찰의 생활화(자세히 보기)

2) 많이 써 보기(닭이 천 마리면 봉황이 한 마리)

내 경우, 초등학교 시절부터 일기를 썼고 교회에서는 수십 년간 목사님의 주일예배 설교를 듣고 나서 주보에 설교 요약문을 써왔습니다. 지금은 "산성글마당"이라는 코너에 짧은 수필을 싣고 있습니다. 그 과정에서 문장력이 발전하여 이제는 글 쓰는 것이 별 부담이 되지 않습니다.

3) 메모 습관

내 수첩에는 아이디어를 비롯한 모든 것이 빼곡하게 적혀 있습니다. 이것도 수십년 간 지속된 것이라서, 메모를 모아둔 것이 글 쓰는 데 큰 밑천이 되고 있습니다. 최근에는 스마트폰의 메모 앱을 활용해 온갖 아이디어를 저장한 후 필요할 때 불러내 이용하고 있습니다.

4) 아이디어 자랑하기(소문내기)

글 쓸 일이 있으면 이것을 만나는 사람들에게 발설하여 반응을 지켜보고 조언도 들으면서 다듬고 보완해나갑니다.

5) 카페나 블로그에 글 올리기

10여 년 전부터 개인 카페와 블로그를 만들어 거기에 열심히 글을 올리고 있습니다. 이복규 교수의 교회용어·설교예화 카페(http://cafe.naver.com/bokforyou)가 그 예입니다. 글쓰기 능력 향상에도 도움이 되며, 필요할 때 검색할 수 있어 좋습니다.

6) 스스로 여러 번 읽고, 남에게도 읽혀서 반응 보고 고치기

고려 시대의 이규보 같은 문호도 무섭게 퇴고한 다음에 세상에 발표했습니다. 소설가 황순원 선생의 경우에는 양평의 소나기문학관에도 전시되고 있듯, 연로할 때까지 초고지가 까매져서 알아볼 수 없을 만큼 고치고 또 고치는 과정을 거쳐 소설 한 편 한 편을 발표했습니다. 인문학 분야의 명저자 정민 교수도 그렇게 한다고 밝혔습니다. 일단 초고가 마련되면 소리 내어 읽으면서 부자연스러운 곳을 고친 후, 부인에게 읽어보라고 하는 등의 과정을 거친다고 합니다.

7) 서강대 명예교수 키스터 신부의 글쓰기 훈련(더러 필자의 의견도 보탰음)

① 작품을 읽고 자기 의견을 적어 내게 하되, 처음에는 네 줄 분량의 짧은 글을 내게 합니다. 4~5개의 문장으로 이루어진 한 단락짜리 짧은 글입니다. 단, 첫 번째 문장에는 자기가 주장하는 바를 적고 그 뒤의 문장은 주장을 뒷받침하는 것이어야 합니다. 단락의 주제와 무관한 문장은 용납되지 않습니다. 한 문장은 45자 내외로 하는 것이 좋습니다(참고로 우리 평시조의 전체 글자 수가 45자 안팎임).

② 이 훈련을 거듭하여 단락 쓰기가 무르익으면, 복수 단락의 글을 지

어서 내게 합니다. 각 단락 간에는 긴밀한 논리적 연관 관계가 있어야 합니다. 큰 주제에서 벗어난 문장이나 단락은 용납되지 않습니다.

③ 토론할 때도 주제와 관련된 말만 해야 합니다. 관련성이 없는 말을 할 때는 제지하면서 연관성을 말해 보도록 요구합니다. 반대 의견도 포함하면서 자기주장을 논증해야 하니 토론 과정에 열심히 참여해야 합니다.

④ 작품의 분량이 많다면 절정부만 복사해서 배부하여 읽히고 토론합니다. 미리 생각할 거리나 의문점을 과제로 제시하여, 학생들이 그런 점들을 의식하면서 작품이나 책을 읽고 정리해온 후 토론에 참여할 수 있게 해야 합니다.

8) 서강대 명예교수 키스터 신부의 글쓰기 원칙(말하기의 원칙이기도 함)

① 한 문장(문단) 안에는 반드시 중심 개념(아이디어)이 있어야 하며, 단 한 개만 있어야 합니다. (예: "내 이름은 ○○○이고 무슨 학교에 다닌다." → 이름과 학교는 상관이 없으므로 두 문장으로 분리해야 합니다.)

② 글 전체, 즉 각 문단은 이 중심 개념을 뒷받침해야 합니다. 서론에서는 중심 개념과 본론의 전개 순서가 무엇인지 밝혀야 합니다. 무슨 말을 어떤 내용과 순서로 할 것인지를 알려야 합니다. 서론이 한 문단이라면, 본론은 세 문단, 결론은 한 문단의 비중으로 쓰는 것이 좋습니다.

③ 본론에서는 서론에서 제시한 순서대로, 중심 개념을 지지하는 이유를 써야 합니다. 결론 부분에서는 본론을 요약한 후 마지막에 중

심 개념을 다시 한번 써줍니다. 글은 항상 문단 단위로 쓰되, 구체적으로 써야 합니다.

④ 서론, 본론, 결론을 이루는 각 문단에는 반드시 중심 문장이 있고 그 중심 문장에 연관된 내용을 적어야 합니다. "인디언들은 아주 계획적이었다"라는 중심 문장을 썼다면, 그와 연관이 있는 내용을 보충해야 합니다. 누가 봐도 인디언들이 계획적이었다는 데 동의할 수 있는 근거를 들어야 합니다.

⑤ 질문에 대한 대답을 하거나 대답으로서의 글을 쓸 때는 항상 대답(결론) 먼저 하고 부가 설명은 나중에 합니다. 글을 쓸 때 또는 말을 할 때, 결론부터 제시하거나 준비한 다음에 하는 습관을 들이면 좋습니다.

⑥ '그래서'라는 표현이나 괄호를 써서 설명하는 일은 최대한 줄입니다. 이런 것이 많을수록 표현 능력이 없는 사람임을 증명하는 셈입니다.

⑦ 문장과 문장 사이에도 연관성이 있어야 합니다. 선후 관계든 인과 관계든 말입니다.

⑧ 모든 글의 부분들이 서로 긴밀하게 연관되어야 합니다.

글쓰기의 절차와 과정

세상 모든 일이 그렇듯 글쓰기에도 과정이 있습니다. 일정한 과정을 거쳐서 한 편의 글이 완성됩니다. 주제 설정에서 시작하여 퇴고에 이르기까지, 글쓰기의 과정을 순서대로 알아보겠습니다.

1. 주제 설정

주제란 필자가 그 글을 통해서 나타내려고 하는 중심 생각입니다. 주제가 있기에 글을 쓰는 것이며, 주제 정하기는 글을 쓸 때 가장 먼저 해야 할 일입니다. 무엇에 관해 쓸 것인지 정하지 않고서는 알맹이 있는 글을 쓰기 어렵습니다. 주제 설정에 관한 몇 가지 사항을 알아봅니다.

(1) 주제를 정할 때 유의할 점

주제를 정할 때는 다음 네 가지 점에 유의해야 합니다.

첫째, 독자가 누구인지 생각해야 합니다. 어떤 글이든 누군가가 읽을 것을 염두에 두고 씁니다. 막연한 글쓰기는 이 세상에 없습니다. 어떤 책을 쓰고 싶어서 원고를 완성하여 출판사에 가져갔다고 합시다. 출판사에서 가장 먼저 물어보는 게 무엇인지 아십니까? "어떤 사람들을 독자층으로 생각하고 썼나요?"라고 물어봅니다. 어린이를 독자로 본 글과 대학생을 독자로 본 글은 주제부터 다릅니다. 어린이에게 어울리는 주제가 있고 어울리지 않는 주제가 있습니다.

둘째, 독자들에게 흥미와 관심을 불러일으킬 수 있는 참신한 것이어야 합니다. 대부분의 독자는 참신한 주제를 요구합니다. 참신한 주제는 사물에 대한 선입견에서 벗어나야 얻어집니다. 새로운 눈으로 사물을 바라볼 때, 거기에서 예전에는 미처 생각지 못했던 의미들을 발견할 수 있기 때문입니다. 그 글을 쓰는 사람만의 독특한 시각이야말로 독자에게 새로운 느낌으로 다가가 감동을 주는 요소가 될 수 있습니다. 예컨대 박지원의 『낭환집서』(蜋丸集序)에 나오는 다음 대목에서, 고정관념을 거부하는 참신한 시각과 생각의 예를 직접 확인해 보기 바랍니다.

> 임백호(임제)가 막 말을 타려는데 하인이 나서며 말했다.
>
> "나으리! 취하셨습니다요. 가죽신과 나막신을 한 짝씩 신으셨네요."
>
> 백호가 꾸짖으며 말하였다.
>
> "길 오른편에 있는 자는 날더러 가죽신을 신었다 할 터이고, 길 왼편에 있는 자는 날더러 나막신을 신었다 할 터이니, 내게 무슨 상관이란 말이냐?"
>
> 이로 말미암아 논하건대, 천하에 보기 쉬운 것에 발만한 것이 없지만, 보는 바가 같지 않게 되면 가죽신인지 나막신인지도 분별하기가 어렵다. 그런 까닭에 참되고 바른 견해는 진실로 옳다 하고 그르다 하는 그 가운데에 있다.

여기서 말하고자 하는 바가 무엇일까요? 전체를 볼 수 없는 우리 눈의 한

계입니다. 눈은 전부를 볼 수 없습니다. 왼쪽에서 보면 가죽신만 보이고 오른쪽에서 보면 나막신만 보입니다. 전체를 보지 못하게 하는 장애물이 있으면 한쪽밖에 못 봅니다. 그러므로 아무리 옳게 사물을 보고 인식하며 판단한다고 해도, 그것은 어디까지나 어느 한편에서만 진실일 따름입니다. 박지원은 바로 이 점을 일깨워주고 있습니다. 우리 글쓰기에서도 이런 참신한 주제를 제시해야 쓰는 사람도 신바람 나고 독자도 감동합니다.

셋째, 글 쓰는 이가 관심이 있고 잘 아는 소재를 선택해야 합니다. 인생에서 성공하거나 보람 있게 살기 위해서는 남을 모방하기보다는 자신이 잘할 수 있고 좋아하는 일을 해야 바람직한 것처럼, 글쓰기도 마찬가지입니다. 아무리 주제가 좋아도 자신의 관심사가 아니고 생소한 대상이라면 피해야 합니다. 가능한 한 자신 있는 주제를 택해야 힘 있고 알맹이 있는 글을 쓸 수 있습니다. 그래야 즐겁게 열정적으로 쓸 수 있습니다. 그러나 아무리 쥐어짜도 마땅한 주제가 없다면 동료나 선배나 교수 등에게 도와달라고 해야 합니다.

넷째, 원고의 분량에 따라 주제는 적절하게 한정되어야 합니다. 너무 방대한 주제도 너무 미세한 주제도 좋지 않다는 말입니다. 더구나 원고지 분량이 제한되어 있다면 그 분량 안에서 소화할 수 있는 주제인지 아닌지를 따져서 주제의 범위를 조절해야 합니다. 채워야 할 원고지 분량은 많은데, 너무 작은 주제를 정해놓으면 그것도 낭패이고, 원고지 분량은 적은데, 너무 큰 주제를 잡아놓으면 그것도 낭패하기 십상입니다. 어떤 일을 반복하다보면 일의 견적이 쉽게 나오듯, 글도 자꾸 쓰는 과정을 거치다 보면 일정한 분량에 어울리는 주제가 무엇인지 알아차리는 감각이 생깁니다.

다섯째, 전체 글은 하나의 주제로 집중되도록 해야 합니다. "구슬이 서 말이라도 꿰어야 보배"라는 속담처럼, 글쓰기도 그렇습니다. 일단 주제를 정했으면 첫 문장부터 마지막 문장까지 모든 부분이 그 주제와 연관되어야 합니다. 주제를 드러내는 데 상관이 없는 부분은 과감하게 삭제하거나 고쳐야 합니다. 모든 부분이 주제를 위해 봉사하게 해야 합니다. 그래야 주제가 선명하게 드러나서 독자에게 진실을 전달해 감동을 줄 수 있습니다.

(2) '가주제'에서 '참주제'로

글쓰기의 주제로 삼을 거리는 무한합니다. 우리 각자가 경험한 모든 것이 글감이 될 수 있기 때문입니다. 그렇다고 우리가 경험한 모든 것이 다 글의 주제가 될 수 있는 것은 아닙니다. 그렇다면 '좋은' 주제를 마련할 수 있는 구체적인 방법은 무엇일까요?

'좋은 글'(특히 논술)은 다른 말로 하면 '주제'가 명확한 글입니다. 읽고 나서 주제가 선명하게 떠오를 수 있어야 좋은 글입니다. 따라서 글을 쓸 때는 우리 뇌리에 막연히 떠오르는 내용을 붙잡아 더 구체화하고 한정해야 합니다. 사진 찍는 것에 비유하자면, 어느 집에 카메라를 들이댔다고 합시다. 이때 막연하게 그 집을 찍어서는, 무엇을 보여주려 했는지 알 수 없을 것입니다. 하지만 그 집 베란다에서 정담을 나누는 부부의 모습에 초점을 맞추어 찍었다면, 사진의 주제가 부부의 정다운 모습이라는 것을 누구나 또렷하게 알 수 있을 것입니다.

글쓰기에서도 그렇습니다. 우선 '가주제'(假主題)와 '참주제'의 개념을 알아야 합니다. 가주제란 가짜 주제라는 뜻이 아니고, 임시로 설정한 주제

혹은 잠정적인 주제라는 뜻입니다. 넓은 주제라고 해도 무방합니다. 예컨대 '한글과 한국어'를 주제로 하는 경우와 '한글과 한국어의 차이'를 주제로 삼은 경우를 비교해 봅시다. 앞의 것은 너무 광범위해서, 한 편의 글은 커녕 한 권의 책을 써도 하고 싶은 말을 다 하지 못합니다. '한글'에 관해 이야기하는 것만 해도 만만치 않은데, 거기에 '한국어' 이야기까지 하려면 벅차기 때문입니다.

하지만 알파벳이나 영어가 아닌 '한글과 한국어'에 대해서 글을 쓰고 싶다는 생각이 들었다면 일단 이것을 '가주제'로 설정한 다음 관련 자료를 더 읽고 생각을 정리하면서, 그중에서도 '한글과 한국어의 차이' 문제를 다루는 것이 필요하다고 여겨서 그렇게 정한다면, '한글과 한국어의 차이'가 '참주제'가 됩니다. 참주제는 '글의 중심사상' 또는 '핵심진술'이라고도 합니다. 일반적으로 주제가 너무 넓으면 알맹이 없는 글이 되기 쉬우므로 한정해서 다루는 것이 좋습니다.

(3) 주제문 만들기

참주제를 결정했다고 해서 저절로 글이 이루어지는 것은 아닙니다. 참주제는 글의 내용을 한정해주는 것에 불과하므로, 실제로 글을 쓰기 위해서는 어떤 방향으로 쓸 것인지 뚜렷하게 한 개의 문장으로 표현해야 합니다. 이것을 주제문(主題文)이라고 합니다. 앞에서 말한 '한글과 한국어의 차이'를 참주제로 하여 주제문을 작성해 보면 "한글과 한국어는 다르다" 또는 "한글은 글자이고 한국어는 말이다" 등이 될 수 있습니다.

주제문은 필자 자신의 견해와 태도를 압축파일처럼 뭉뚱그려서 드러낸 문장입니다. 필자에게는 글 전체를 전개할 때 문제의식이나 방향감각을 잃지 않게끔 하여 글의 통일성과 긴밀성을 유지하게 해주고, 독자에게는 글의 윤곽을 예상하게 해주는 것이 주제문입니다. 주제문이 이런 역할을 잘 담당하게 하려면, 다음과 같은 점에 유의하여 만들어야 합니다.

① 주제문은 완결된 하나의 문장이어야 한다.
② 필자의 견해와 태도가 명확하게 드러나야 한다.
③ 표현이 정확하고 구체적이어야 한다.
④ 주제문의 내용은 객관적이고 공정해야 한다.
⑤ 너무 자명하여 누구나 다 알거나 인정하는 내용이어서는 안 된다.

위의 요건에 맞추어 다음의 주제문들이 적절한지 살펴봅시다.

(가) 한국 SF영화의 미래는 밝은가?
(나) 세상에서 가장 아름다운 꽃은 무궁화다.
(다) 남한이든 북한이든 한글을 사용해야 한다.

위의 예들은 모두 주제문으로서 적합하지 않습니다. (가)는 의문문 형식이어서 필자의 태도가 무엇인지 드러나지 않았으며, (나)는 지나치게 주관적인 판단이 앞서 객관성과 공정성이 없습니다. (다)는 너무도 당연하여 모두가 인정하는 상식이므로 부적절합니다.

(4) 소주제문 만들기

이처럼 주제문은 글 전체의 중심 생각을 담아 한 문장으로 나타낸 것인데,

실제로 글을 써나가려면 이 주제문을 더 구체화하여 세분해야 합니다. 음식을 먹을 때 통째로 먹기 어려운 경우 몇 개로 잘게 나누어서 먹는 것과 같은 이치입니다. 예를 들어보겠습니다.

주제문: 한국인 이름은 서양인 이름과는 다르다.

소주제문

- 한국인 이름은 성이 앞에 온다(서양인 이름은 성이 뒤에 온다).
- 한국인 이름에는 항렬자가 있다(서양인 이름에는 항렬자가 없다).
- 한국인은 자녀 이름에 웃어른의 이름자를 넣지 않는다(서양인은 자녀 이름에 그의 아버지나 할아버지 이름을 넣어서 짓는 일이 빈번하다).

주제문이 글 전체의 주제를 나타낸다면, 소주제문은 글을 이루는 각 문단의 주제나 중심 내용을 드러냅니다. 그래서 소주제문은 단락 구성 및 개요 작성과도 직접적인 관련이 있습니다.

2. 자료의 선택과 정리

주제를 정했다면 그 주제를 뒷받침하며 글의 내용을 이루게 될 재료를 찾아야 합니다. 그 재료를 '자료'라고 합니다. 온갖 책, 논문, 신문·잡지의 기사, 인터넷 자료 등을 동원해야 합니다. 설교문의 경우에는 무엇보다 일차 자료인 성경과 성경 주석서를 자세히 참고해야 할 것입니다. 주제와 관련한 참고자료를 한눈에 파악하는 데 긴요한 검색 시스템 가운데, 현재로서는 학술연구정보서비스(RISS)가 가장 강력합니다. 외국 자료는 바이두(중국 최대의 검색 엔진)를 비롯해 위키피디아 영어판 등을 이용해야 할 것입니다.

3. 단락 구성의 몇 가지 틀

집을 지을 때, 이러 저러한 모양과 구조의 집을 짓겠다는 생각만으로 되는 것은 아닙니다. 한옥을 삼 칸으로 짓기로 했다 하더라도, 구체적으로 그 삼 칸 한옥을 어떻게 지을 것인지 자세히 설계도를 그려야만 제대로 지을 수 있습니다. 마찬가지로 글을 쓸 때도 주제가 정해지고 자료를 모으고 선택하여 정리했다면, 그 자료를 어떻게 엮어야 필자의 생각을 효과적으로 감동 있게 전할 수 있을지 궁리해야 합니다. 주제에 따라 자료들을 어떻게 엮어낼지 머릿속으로 궁리한 것을 '구성'(構成)이라고 합니다. 글을 구성하는 데는 대체로 몇 가지 틀이 있으므로 익혀 두면 글을 짜임새 있게 쓸 수 있고, 글을 읽을 때도 필자가 생각을 어떤 방식으로 전개했는지 깊이 있게 이해할 수 있습니다.

구성의 종류는 어떤 기준을 적용하느냐에 따라 나눌 수 있습니다. 시간적 구성, 공간적 구성, 단계적 구성, 포괄적 구성, 열거식 구성, 점층적 구성 등이 그것입니다.

(1) 시간적 구성

시간적 구성은 시간적 순서에 따라 글을 전개하는 방식입니다. 사건의 추이나 진행 과정을 서술할 때 이용합니다. 예를 들어, 하루 동안 있었던 일을 시간의 흐름에 따라 '아침-점심-저녁-심야'로 서술한다든지, 세상이나 개인의 역사를 '고대-중세-근대-현대', '유소년기-청년기-중년기-노년기', '과거-현재-미래' 등의 순서로 서술하는 것입니다. 과거의 기억이나 체험을 회상하는 글을 쓸 때 아주 유용한 방법입니다. 대부분의 전기나 역사는 이런 시간적 순서에 따른 연결 방법으로 단락들을 연결합니다.

이 구성은 시간의 순서에만 따르면 되므로 매우 편리하기는 하나, 자칫하면 평이하고 지루한 인상을 주기 쉽습니다. 이런 위험에서 벗어나려면 때때로 시간의 순서를 바꿔 긴장감을 주거나, 하나의 사건이 시간의 흐름에 따라 어떻게 변화하는지를 집중적으로 부각하는 등의 전략을 구사하는 것이 좋습니다.

(2) 공간적 구성

공간적 구성은 흔히 자연의 풍경이나 사물의 모습을 있는 그대로 묘사할 때 사용하는 방법입니다. 시간적 구성이 움직이는 사물에 적용되는 연결 방법이라면, 공간적 구성은 움직이지 않는 사물을 다룰 때 주로 이용하는 연결 방법입니다. 크게 나라별, 지역별, 장소별로 구성되기도 하고, 전체와 부분의 관계로 구성되기도 합니다. 전자의 예로는 '아시아-아프리카-유럽-오세아니아-아메리카', '천상-지상-지하', '서울-부산-광주-평양', '한대-온대-열대' 등을 들 수 있고, 후자의 예로는 '국회도서관-1층-학위논문실', '미륵사지-금마면-익산시-전라북도' 등을 들 수 있습니다.

공간적 구성은 대상의 모양이나 상황을 묘사하는 데 유용한 방법입니다. 사물의 구조나 조직, 체계를 설명하는 데도 많이 이용됩니다.

(3) 단계적 구성

3단 구성, 4단 구성, 5단 구성 등의 짜임이 여기 해당합니다. 3단 구성은 '서론-본론-결론', '도입-전개-결말', '초장-중장-종장' 등 우리가 이미 잘 알고 있는 형태이고, 나머지는 이 3단 구성을 발전시킨 형태입니다. 예컨대 4단 구성은, '서론-본론1-본론2-결론', '발단-전개-발전-정리', '기-승-전-결' 따위의 형식을 취하는 구성을 말하며, 5단 구성은 '현상 파악-문제 제기-원인 분석-해결 방안-정리', '주의 환기-문제 제기-문제 해명-해명의 구체화-요약·남은 과제' 등의 형태입니다.

단계적 구성은 글 전체가 논리적이고 유기적이어서, 논증문을 비롯하여 요약 발표나 조사 보고서 작성할 때 흔히 쓰는 방식입니다.

(4) 포괄적 구성

포괄적 구성은 글의 주제, 즉 핵심적인 생각을 어디 두느냐에 따라 유형이 나뉘는 형식입니다. 말하고자 하는 중심 내용을 앞에 두면 '두괄식 구성' 또는 '연역적 구성', 뒤에 두면 '미괄식 구성' 또는 '귀납적 구성'이라 합니다. 중심 내용을 강조하기 위해 앞뒤에 모두 배치하기도 하는데 이를 '양괄식(쌍괄식) 구성'이라 합니다.

두괄식 구성은 저널형 글쓰기에서 많이 사용합니다. 보도 기사의 경우, 사건의 핵심을 요약한 소위 리드(lead)라고 하는 전문(前文)을 맨 앞에 놓고, 그다음에 사건 발생의 이유와 배경 따위를 서술하는 방식이 두괄식 구성 방식입니다. 보도 기사 유형에서는 이를 역피라미드형이라 부르는데, 최근 인터넷 매체의 발달과 함께 속보 경쟁 때문에 이런 유형이 애용되고 있습니다. 하지만 대학교 글쓰기에서는, 짧은 형식의 글을 쓰는 데는 두괄식이 적합하다고 여기나 논문이나 에세이 형식의 글에서는 양괄식 구성을 더 애용하는 편입니다.

(5) 열거식(병렬적) 구성

열거식(병렬적) 구성은 주로 설명문에서 많이 사용하는데, 대상이 여럿이고 이들 사이에 우열이나 중요도의 차이가 없을 때 이용합니다. 여러 가지 내용을 차례로 나열하는 구성이지요. 따라서 논리정연한 글을 쓰는 데는 부적합하지만, 우리가 글을 쓸 때 흔히 이용하는 형태입니다. 아시아의 지게, 아프리카의 지게, 이런 식으로 죽 나열하는 방법입니다. 생각하기도 쉽고 정보 전달도 빠르지만 정보 전달 이상의 내용, 즉 필자의 주장 따위를 강렬하게 전달하기는 어렵습니다.

(6) 점층적 구성

점층적 구성은 정보를 조금씩 추가하여 뒤에 가서야 완전한 내용을 알게 되는 방법입니다. 본론에서 제기할 문제나 문제 해결 방법의 가짓수가 많을 때, 중요성이 덜한 것에서부터 더한 것으로 나아가거나 반대로 나아가는 방식입니다. 후자의 경우는 엄밀히 말하면 '점층'이 아닌 '점강적 구성'입니다.

4. 개요 작성

구성이 어느 정도 마무리되면 개요 작성에 들어갑니다. 개요란 글을 쓰기 전에 쓸 내용의 뼈대를 적어 놓은 것입니다. 머릿속으로 구상하고 설계한 내용을 도식화하여 적어보는 것은 매우 필요하고도 유익한 일입니다. 개요를 작성해보면 앞으로 쓸 글의 전체적 흐름을 명확하게 알 수 있습니다. 따라서 개요 작성을 통해서 부족한 부분은 보충하고 과다한 부분은 잘라내며 통일성을 해치는 부분을 없애는 등, 글 전체의 균형을 잡을 수 있습니다. 짧은 글이야 굳이 개요 작성을 할 필요가 없지만, 긴 글이라면 개요 작성을 반드시 해야 합니다. 개요를 작성할 때 유념할 점은 다음과 같습니다.

① 먼저 제목을 정하고 주제문을 작성한다.
② 주제를 드러낼 논점을 자세히 열거하고, 이들 사이의 관계를 따져본다.
③ 각 논점에 포함된 세부 사항을 생각하고, 이를 드러낼 보기나 인용문 등을 찾는다.

개요에는 화제식 개요와 요약식 개요가 있습니다. 화제식 개요는 '술이 사람에게 미치는 영향'처럼 글의 내용을 '구'(句)나 '절'(節) 형태로 간략하게 제시하는 방식이고, 요약식 개요는 '술은 사람에게 영향을 미친다'처럼 글의 대략적 줄거리 및 의도 따위를 간략하게 요약된 문장으로 적는 방식입니다. 그렇다면 '술이 사람에게 미치는 영향'을 주제로 글을 쓸 때 개요를 어떻게 작성할 수 있을지 생각해보기로 합시다.

화제식 개요로서 3단 구성을 택한 예를 먼저 보겠습니다. 우선 술이 사람의 '어디에' 영향을 미치는지에 초점을 맞추고 싶다면 다음과 같은 개요를 작성할 수 있습니다.

Ⅰ. 머리말(도입부, 서론, 서언)

Ⅱ. 술이 사람에게 미치는 영향

1. 몸에 미치는 영향

1) 긍정적인 영향

2) 부정적인 영향

2. 마음에 미치는 영향

1) 긍정적인 영향

2) 부정적인 영향

Ⅲ. 맺음말(결론, 결언)

이렇게 개요를 작성하면, 모아 놓은 자료를 이에 맞춰 분류하면 되므로 아주 편리합니다. 이 개요에서는 본론 부분이 둘로 나뉘어 있습니다.

그런데 흔히들 '본론'이라는 표현에 얽매인 나머지 2장(Ⅱ)에 해당하는 부분을 다음과 같이 적기 십상입니다.

Ⅱ. 본론

1. 술이 몸에 미치는 영향

1) 긍정적인 영향

2) 부정적인 영향

2. 술이 마음에 미치는 영향

1) 긍정적인 영향

2) 부정적인 영향

그러나 내용상 본론에 해당하는 제목을 적으면 되지, 그 전체의 제목을 반드시 본론이라고 적어야 하는 것은 아닙니다.

다음으로 술의 긍정적인 영향은 무엇이고 부정적인 영향은 무엇인지에 초점을 맞추고 싶을 때는 아래와 같이 개요를 짤 수도 있습니다.

Ⅰ. 머리말

Ⅱ. 술이 사람에게 미치는 영향

1. 긍정적인 영향

1) 몸에 미치는 긍정적인 영향

2) 마음에 미치는 긍정적인 영향

2. 부정적인 영향

1) 몸에 미치는 부정적인 영향

2) 마음에 미치는 부정적인 영향

Ⅲ. 맺음말

혹은 4단 구성으로 개요를 작성할 수도 있습니다.

Ⅰ. 머리말

Ⅱ. 술이 사람에게 미치는 긍정적인 영향

1. 몸에 미치는 긍정적인 영향

2. 마음에 미치는 긍정적인 영향

Ⅲ. 술이 사람에게 미치는 부정적인 영향

1. 몸에 미치는 부정적인 영향

2. 마음에 미치는 부정적인 영향

Ⅳ. 맺음말

4단으로 구성한 이 개요를 자세히 살펴보면, 바로 앞의 3단 구성과 내용은 같다는 것을 알 수 있습니다. 3단 구성에서 본론을 이루는 두 개의 절을 각기 별개의 장으로 독립시켜 4단 구성으로 재구성했기 때문입니다. 두 절의 무게와 비중이 대등하기에 가능한 일입니다.

5단 구성도 가능합니다. 5단 구성을 하면 4장(Ⅳ)에서 술에 대한 필자의 주장이나 태도나 해석을 드러낼 수 있습니다. 예컨대 다음과 같은 개요 작성이 가능합니다.

Ⅰ. 머리말

Ⅱ. 술이 사람에게 미치는 긍정적인 영향

1. 몸에 미치는 긍정적인 영향

2. 마음에 미치는 긍정적인 영향

Ⅲ. 술이 사람에게 미치는 부정적인 영향

1. 몸에 미치는 부정적인 영향

2. 마음에 미치는 부정적인 영향

Ⅳ. 술에 대한 바람직한 인식과 자세

Ⅴ. 맺음말

3단 구성이나 4단 구성으로 개요를 작성했을 때는 설명문으로서는 나무랄 데가 없으나 뭔가 밋밋한 감이 있었습니다. 그러나 5단 구성은 다르다는 것을 느낄 수 있을 것입니다. 앞 장들을 토대로 4장(IV)에서 필자의 주장을 또렷하게 제시할 수 있기에, 논증문의 개요로서는 5단 구성이 훨씬 바람직하다고 할 수 있습니다. 하지만 3단 구성이나 4단 구성으로도 고민을 거듭하면 논증문으로서의 선명성을 보여주는 개요를 구성할 수 있으니, 자꾸 작성하고 수정해보는 노력이 필요합니다. 이런 경험이 축적되면 특정 주제와 가장 궁합이 잘 맞는 개요가 무엇인지 자연스럽게 떠오르는 순간이 올 것입니다.

5. 글쓰기의 실제

개요 작성에서 단락 개요를 작성했다면 이제 글을 쓰는 것은 어렵지 않습니다. 개요를 작성하면서 단락마다 할 이야기를 정리해 놓았기 때문입니다. 그뿐만 아니라 각 단락이나 부분에 사용할 자료까지 정리해 놓았다면, 글쓰기는 수월합니다. 단, 글쓰기의 기본 소양에 해당하는 다음의 유의 사항들을 잘 알아두고 익혀둬야 합니다.

(1) 머리말(도입부, 서론, 서언) 쓰기

머리말 부분에서는 무엇에 대하여 쓰는지(글을 쓰는 대상 또는 주제), 왜 글을 쓰는지(글을 쓰는 동기와 목적)와 개략적인 전개 방향 등을 밝혀야 합니다. 논문의 경우에는 반드시 그 문제에 관해 그동안 얼마나 연구가 진행되었는지를 밝혀야 하며, 이미 결론이 나서 더 할 말이 없는 주제의 글을 쓰면 안 됩니다. 연구가 끝난 것을 가지고 글을 쓰면 표절 시비에 휘말립니다. 논증문에서도 그 정신은 같습니다. 해당 주제를 두고 이런저런 논의가 있으나 아직도 내가 할 말이 있다, 그동안의 논의를 바탕으로 제시할 새로운 접근 방법이나 해석이나 주장이 있어서 집필하게 되었다는 점을 밝혀야 합니다. 예문을 두 개 들어보면 다음과 같습니다.

① 강물이나 바닷물의 오염이 매우 심각하다는 것은 모두 다 알고 있는 일이지만, 지하수 오염의 심각성을 깨닫고 있는 사람은 극히 드물다. 아마도 이러한 까닭은 지하수의 오염이 강물이나 바닷물처럼 당장 눈에 띄지 않기 때문일 것이다. 그러나 이제 지하수 오염도 상당히 심각한 지경에 이르렀으며, 이에 대해 적극적으로 대처하지 않으면 조만간에 이로 인한 값비싼 대가를 치르게 될 것이다.

② 3월 15일, 한국의 대통령 선거일에 조용했던 마산시를 뒤흔든 시위가 있었다. 이날 김주열이라는 16세 학생이 실종되었고, 그는 결국 돌아오지 않았다. 이 사건에 대해 경찰은 전혀 아는 바가 없다고 주장했다. 하지만 지난주 마산의 한 어부가 바닷가에서 김주열 군의 시신을 끌어올렸다. 시신의 머리에서는 선거일 당시 시위대를 진압하려고 마산시 경찰이 사용했던 최루탄 파편이 발견되었다. 이 소식이 마산시에 알려지자 고등학생들을 중심으로 격분한 만여 명의 시민들이 김 군의 주검이 안치된 곳으로 몰려가 "서울로 가져가서 국회에 보여주자"며 시신을 요구했다. 당국자가 거절하자 군중은 분노했다. 군중은 마산 시청과 자유당 마산 지구당을 점거하고 이승만 대

통령의 사임을 요구했다. 그러던 중 어느 양조장에서 자유당 부통령 후보 이기붕에게 미리 표시되어 있는 투표용지가 무더기로 발견되었다. 이틀 뒤 학생들은 "부정 선거는 무효다", "피로 이룩한 자유를 무력에 의해 빼앗길 수 없다"는 내용의 플래카드를 앞세우고 시가행진을 했다(미국 주간지 「타임」, 1960. 4. 25).

머리말 중에서도 첫 문장은 특별히 중요합니다. 독자의 처지에서 생각해 봅시다. 처음의 한두 줄을 읽어보고 호기심이 발동하면 계속 글을 읽지만, 그렇지 않으면 더 이상 읽지 않습니다. 요즘처럼 읽을거리나 볼거리가 넘쳐나는 시대, 속도가 미덕인 시대에, 흥미롭지도 않고 새로운 내용도 없는 글을 끝까지 읽어줄 독자는 없습니다.

그렇다면 첫 문장을 효과적으로 쓰기 위한 비결은 무엇일까요?

첫째, 새롭거나 흥미 있는 내용으로 독자의 시선을 한 번에 사로잡도록 합니다. 둘째, 누구나 알거나 관심을 가진 일반적인 내용으로 시작하여 자연스럽게 독자를 다음 문장으로 유도합니다. 셋째, 유명인의 말이나 격언 등, 권위 있거나 감동적인 말을 인용하면서 출발합니다. 넷째, 구체적이고 생생한 사실로 출발합니다. 다섯째, 해설이나 설명보다 필자의 구체적인 체험과 사례를 제시합니다. 여섯째, 가능한 한 짧고 간명하게 씁니다. 일곱째, 과거형보다는 현재형, 명사보다는 동사나 형용사, 추상적인 말보다는 구체적인 말로 씁니다.

(2) 본문 쓰기

시작을 아무리 잘해도 본문이 이를 뒷받침해 주지 못하면 헛수고입니다.

가수가 무대 위에 나와서 농담이나 미모로 청중의 관심을 끄는 데 성공했다 해도, 노래가 시원치 않으면 공연이 실패할 수밖에 없는 것과 같은 이치입니다. 글의 가치는 결국은 본문의 완성도에 달려 있습니다.

본문은 머리말에서 제기한 문제나 화제에 관한 내용을 필자가 본인의 참신한 생각을 바탕으로 본격적으로 서술하는 부분입니다. 본문을 쓸 때 유의할 점들은 다음과 같습니다.

1) 주제에 초점이 맞춰져야 합니다

모든 글에는 필자의 목적과 의도가 담겨 있고, 그것이 주제문으로 드러납니다. 주제문은 여러 개의 소주제문에 의해 구체화됩니다. 따라서 모든 소주제문은 하나의 주제문을 잘 뒷받침해야 합니다. 주제가 선명하지 못하거나 여러 개인 글은 결코 좋은 글이라 할 수 없습니다.

2) 주제의 내용과 범위에 맞아야 합니다

머리말에서 제시된 주제의 범위에 맞게 자료들을 이용하고 단락을 설정하여 깊이 있는 글을 써야 합니다. 많이 쓴다고 능사가 아니니, 주제가 제시하는 한정된 범위 안에서 관련된 내용만을 깊이 있고 충분하게 다뤄야 합니다. 그래야만 그 주제를 다룬 다른 글과 구별되는 개성과 가치를 발휘할 수 있습니다. 필자는 앞에서 다루겠다고 내걸었던 주제에 관해서 말하면 되며, 주제의 범위를 넘어서는 것에 관해서까지 말할 의무는 없음을 명심해야 합니다.

3) 단락 전개가 긴밀하고 합리적이어야 합니다

주제문은 소주제문에 의해 구체화하며, 소주제문은 하나의 단락을 이루기 마련입니다. 이때 단락들이 주제를 중심으로 형식과 내용 면에서 긴밀하게 결속되어 있을수록 짜임새 있는 글이 되고 주제가 선명해집니다. 아울러 각 단락의 논지가 한쪽으로 치우치지 않고 공정해야만 합리적인 글이 되며, 합리성을 많이 확보할수록 설득력이 커집니다.

4) 새로운 인식과 개성적인 사고를 통해 독창적인 내용을 담아야 합니다

독자는 글을 통해 무언가 새로운 정보를 얻거나 신선한 느낌을 받고자 합니다. 그러므로 필자는 독자의 그런 요구와 기대를 채워줄 수 있도록 본문을 전개해야 합니다. 이미 상식적으로 다 아는 내용을 그저 그런 방식으로 제시해서는 독자를 만족시킬 수 없습니다. 다 아는 내용이라도 새로운 면을 부각하거나 참신한 방법으로 접근하거나 새로운 자료를 제시함으로써, 독자가 신선한 충격을 느끼고 지적인 즐거움을 맛보게 해야 합니다.

5) 글의 갈래에 어울리게 단락을 전개해야 합니다

'논증, 설득, 묘사, 서사' 등 글의 갈래에 따라 단락의 전개 방식도 달라져야 합니다. 갈래의 특성에 맞추어 거기 어울리게 본문을 써나가야 자연스럽습니다. 논증적인 글이라면 논지를 정(正)-반(反)-합(合)의 변증법적 방식으로 전개해나가는 것이 바람직합니다. 특정 인물의 생애에 관한 글이라면 시간적 순서나 공간적 질서에 따라 단락을 발전시켜 나가는 것이 좋습니다.

6) 글의 표현방식이 다양하고 리듬감 있어야 합니다

노동을 하더라도 단순하고 반복적으로 하면 지루하여 쉽게 지치지만, 변화를 줘가면서 노래도 부르고 리듬에 맞춰서 하면 즐겁게 할 수 있습니다. 글도 그렇습니다. 서술문, 의문문, 청유문, 명령문 등을 다양하게 구사하고, 비유법, 강조법, 변화법 등의 표현기교를 적절하게 구사하면 글이 단조로워지는 위험에서 벗어나 생동감이 생깁니다.

(3) 맺음말 쓰기

맺음말은 머리말에서 제기되고 본문에서 깊이 논의된 사실들을 마지막으로 점검하고 종합하여 정리하는 부분입니다. '화룡점정'(畵龍點睛)이나 '유종(有終)의 미(美)'라는 말이 있듯이, 글도 마무리를 어떻게 하느냐에 따라 그 가치가 달라집니다. 독자들에게 깔끔하고 합리적이라는 인상과 함께 타당하고 설득력 있다는 느낌을 줘야 합니다.

글을 마무리하는 요령으로서 대표적인 것 몇 가지를 소개하면 다음과 같습니다.

1) 요약하기

가장 흔한 마무리 방법입니다. 머리말에서 주제나 목적을 제시하고 본문에서 논증한 다음 결말에서 이것을 다시 요약해주면, 독자의 뇌리에 글의 주제가 선명하게 각인될 수 있습니다. "지금까지 무엇무엇에 대해 살펴보았다", "앞에서 논의한 것처럼 무엇은 어떠하다", 대개 이런 말로 결말을 이끕니다. 요약을 잘하면 그 부분만 읽어도 글 전체 내용의 대강을 알아차릴 수 있습니다.

이처럼 요약하는 것으로 글을 마무리하는 방법에도 몇 가지가 있습니다.

첫째, 본문에서 이미 다룬 내용이나 주장을 줄거리 쓰듯 요약하는 방법입니다. 이 방법은 내용의 객관성과 글의 통일성을 유지하는 데는 좋으나, 자칫하면 같은 내용이 반복되기 때문에 글이 느슨해질 염려가 있습니다.

둘째, 본문의 내용을 요약하되, 본문 전체의 내용을 다시 한번 포괄하는 문장을 요약문의 앞이나 뒤에 보태는 방법입니다.

셋째, 먼저 본문 내용을 요약하되 줄거리 쓰듯 하지 않고 그 내용을 일반화 혹은 추상화하는 각도에서 요약합니다. 그러고 나서 이를 통해 주제와 관련된 본문의 핵심 부분이나 글의 제목을 다시 초점으로 부각하면서 마무리하는 방식입니다.

2) 제언이나 전망 보태기

다음은 어떤 글의 맺음말 부분입니다.

> 이상의 사실을 바탕으로, 이 문제의 해결을 위해 몇 가지 제언하고자 한다.
>
> 첫째, '한글'의 사전적인 개념 규정이 맞고, 현 상황이 왜곡된 것이라면, 이 문제를 해소하기 위해 노력해야 한다. 초중등 국어교육에서 '국어'(한국어)의 의미, '한글'의 의미, '국어'와 '한글'의 관계가 무엇인지 반드시 포함해 가르치도록 해야 한다. 특히 국어 교사들에게는 그 점을 분명하게 인식하여 제대로 가르치게 해주어야 한다. 아울러 이 글에서 지적한 여러 가지 잘못된 한글 관련 용어와 표현들이 더 이상 쓰이지 않도록, 국립국어원이나 관련 단

체에서 일정한 영향력을 행사하여야 한다.

둘째, '한글'에 대한 사전적인 개념 규정보다 현재 언중이 사용하는 뜻, 즉 '우리 글'이나 '우리말'을 존중하기로 한다면, 국어사전을 고쳐야 한다.

셋째, '영문'이나 '일문'처럼, '우리 글'을 의미하는 한자어가 사실상 없는 바, 해결책을 마련해야 한다. '국문'은 이미 갑오경장 이후에 조선 시대에 '우리 글자' 즉 '훈민정음'(정음)을 가리키던 '언문'을 대체하여 부른 명칭이므로, '우리 글'이라고만 하기 어렵게 되어 있다(실제 국어사전에서도 '국문'은 '우리 글자'까지 포함하는 어휘로 규정되어 있음). 국권 침탈기에 쓰던 '한나라 글', '우리나라 글', '배달 글'이란 단어를 재활용하든지, '한국문' 혹은 '한문'으로 하든지, '국문'이라고 하되 '글자'의 개념을 배제하고 '우리 글'만을 의미하는 단어로 고쳐서 개념 규정하는 것이 타당하다. '우리 글'만을 가리키는 단어가 없거나 불완전하여 '한글=국문'이란 인식이 계속하여 생겨난다고 여겨지기 때문이다.

위의 예문은 한글이라는 말이 '우리말'이라는 의미로까지 잘못 쓰이는 문제를 다룬 글의 맨 마지막 부분입니다. 이렇게 요약 뒤에 일정한 제언이나 전망을 덧붙이는 방식이 있습니다. 글을 통해서 밝혀진 사실에 근거하여, 필자가 사회를 향해 그 문제의 해결을 위해 촉구하는 일정한 의견을 담고 있습니다.

3) 일반화하기

본문에서 논의한 내용을 더 확대하고 일반화하는 방식입니다. 이렇게 함으로써 본론에서는 한 가지 한정된 사실에 관해 말했지만, 그것을 포함하거나 그것을 둘러싼 일반적이고 보편적인 문제에도 관심을 품게 함으로써 독자의 시야를 한층 넓혀주는 역할을 합니다. 눈치 빠른 독자는 이런 맺음말에 자극을 받아, 이와 관련된 또 다른 글을 구상할 수도 있을 것입니다.

4) 격언이나 명언 등을 인용하기

본문의 내용을 함축하여 나타낼 만한 격언, 속담, 명언, 구절 등으로 끝맺는 방식입니다. 제대로만 하면, 그런 생각을 필자만이 아니라 다른 사람들도 지지한다는 사실을 강조하는 효과를 가져 글의 설득력을 높입니다.

> 살아남은 것은 가장 강한 종도 아니고, 가장 똑똑한 종도 아니다. 그것은 변화에 잘 적응하는 종이다.

최근 경쟁력이 강조되면서, '생존전략'이나 '경쟁력 제고' 따위의 주제를 다룬 글이 많이 나옵니다. 그런데 어느 글의 마무리를 보니, 위처럼 다윈의 말을 그대로 인용하면서 끝맺고 있었습니다. 전체 내용을 잘 머금고 있으면서도 변화에 적응해야만 하겠다는 생각을 가지게 할 만큼 강력한 효과를 지녔다고 여겨집니다.

5) 명령이나 청유

명령문으로 마무리함으로써 필자의 확신을 힘있게 전달하며, 독자들에게 더 큰 희망과 용기를 불어넣을 수 있습니다. "무엇무엇을 하자" 또는 "무엇무엇을 해야 할 것이다" 등, 예상되는 독자층을 고려하여 독자가 거부감을 느끼지 않도록 명령의 수위나 어조를 조절하는 게 좋습니다.

청유에 의한 마무리는 독자가 필자와 뜻과 행동을 함께해주기를 요청할 때 이용합니다. 주어진 문제가 공동의 것이요 우리 모두의 것임을 강조할 때 사용하면 좋습니다. 예컨대 "무엇무엇에 관해 다시 한번 생각하자." 이런 투로 끝맺는 것을 말합니다.

(4) 제목 달기

제목은 글의 내용을 집약한 것으로서, 큰 제목, 부제목(부제), 작은 제목(소제목), 중간제목으로 나뉩니다. 부제목은 큰 제목의 내용을 부연 설명하는 것으로서, 큰 제목 바로 옆이나 아래에 달아둡니다. 소제목은 장, 절, 항, 목마다 붙이는 제목입니다. 중간제목은 신문 칼럼이나 잡지에서 글 중간에 끼워 넣는 제목을 말합니다. 제목은 글의 내용을 요약하여 제시할 뿐 아니라 독자의 주의를 집중시키고 흥미를 유발하는 구실도 하므로, 본문보다 크고 굵게 표시하여 본문과 구분하는 것이 보통입니다.

해리포터 시리즈 -- 큰제목

유혹의 정체와 이데올로기 ---------------------------------- 부제목

1. 해리포터 시리즈의 성공과 문학성 -------------------------- 본문

2005년 7월, 롤링의 해리포터 시리즈의 여섯 번째 작품 『해리포터와 혼혈왕자』가 발간되면서 다시 한번 전 지구적으로 독서 시장이 들썩였다. 국내에서도 재빠르게 11월 1일 소설의 전반부가 번역되어 출판되었고, 곧이어 12월에 나머지 부분이 나왔다.

제목은 글을 쓰기 전에 달 수도 있으나 글을 다 쓴 뒤에 붙일 수도 있습니다. 글을 써나가면서 더 좋은 제목이 떠오르면 고치기도 하는데, 대개는 가제(假題, 임시로 붙인 제목)를 먼저 달고 나중에 고칩니다.

제목(題目)이라는 한자어에 '눈 목'자가 들어있다는 점에 유의할 필요가 있습니다. 우리가 상대방의 눈을 보면 그 사람의 됨됨이를 어느 정도 알아챌 수 있듯이 글도 그렇습니다. 제목은 글의 전체 내용을 대표할 수 있어야 합니다. 독자는 제목만 보고도 그 글을 읽을 것인지 말 것인지 결정합니다.

예전에야 읽을거리가 절대적으로 부족했기 때문에 하나의 글을 읽고 또 읽고 했지만, 정보가 넘쳐나는 요즘은 그렇지 않습니다. 신문을 읽거나 인터넷 웹 서핑을 할 때를 생각해 봅시다. 내용을 다 읽지 않고 제목만 보고 넘어가곤 합니다. 그러므로 본문까지 읽게 하려면 평이하거나 추상적인 제목을 피해야 합니다. 그렇다고 내용과는 동떨어지게 너무 선정적이고 자극적인 제목을 다는 것도 정직하지 못합니다.

(5) 퇴고

글이 완성되었다고 해서 곧바로 발표하면 안 됩니다. 다듬고 고쳐야 합니다. 이 과정을 퇴고라고 합니다. 이 작업도 글쓰기의 한 과정입니다. 명백한 오자나 탈자를 비롯하여 부자연스럽거나 잘못된 표현이 발견되면 그만큼 글에 대한 신뢰가 떨어집니다. 좋은 평가를 받을 수도 없으려니와 설득력도 떨어져 글을 쓴 보람이 적어집니다.

요즘은 컴퓨터의 편집 기능을 이용하여 얼마든지 어휘와 단락을 바꿀 수 있고, 앞뒤의 배열을 다시 할 수 있으므로 수정 작업이 쉽습니다. 더

욱이 띄어쓰기와 맞춤법에 어긋난 부분을 컴퓨터가 자동으로 바로잡아주거나 표시해주니 얼마나 좋은 세상인지 모릅니다.

퇴고할 때 어떤 마음가짐과 자세로 해야 하는지에 관해, 고려 시대의 문인 이규보가 아주 인상적인 말을 했습니다.

> 무릇 시가 완성이 되면, 반복해서 보되, 요컨대 자기가 지은 것으로 여기지 말고, 마치 남이 지은 것으로 보거나, 평생토록 매우 증오하는 사람이 지은 시로 볼 일이다. 그렇게 여기면서 조금이라도 하자가 있는지 샅샅이 살펴보아도 끝내 그 하자를 발견할 수 없거들랑, 그제야 세상에 내놓아 유통되게 해야 한다(이규보, 『백운소설』).

퇴고의 자세에 대해 이처럼 훌륭하게 말한 사람은 없다고 보일 만큼 이규보의 충고는 적실합니다. 내가 지은 것으로 여겨서는 퇴고가 안 됩니다. 남이 지은 양, 아니 원수가 지은 글인 양, 허점이나 티를 발견하기 위해 눈을 부릅뜨고 봐야 합니다. 객관화해서 봐야 합니다.

그렇다면 과연 무엇을 어떻게 살펴야 할까요? 여기서는 '필자의 시각에서 살피기'와 '독자의 시각에서 살피기'로 나누어서 알아보겠습니다.

1) 필자의 시각에서 살피기

① 글 전체를 다시 살피기

- 글을 쓴 목적, 즉 주제가 잘 실현되었는지 점검합니다. 주제가 분명하게 드러나 있는가? 주제에서 벗어난 부분은 없는가? 최초의 주제와 달라진 점은 없는가? 주제와 관련하여 오해의 소지는 없는

가? 자료는 주제를 드러내기에 알맞은가? 주제는 독창적이고 합리적인가?

- 글 전체의 흐름이 유기적이고 통일성을 유지하고 있는가? 글의 구성과 개요를 그대로 잘 따랐으며, 전후 맥락이 유기적으로 잘 짜였는가? 문단의 구분, 상위 항목과 하위 항목 간의 관계는 적절한가?
- 선택한 구성은 주제를 전달하는 데 효과적인가? 혹시 더 나은 방법은 없는가? 글의 앞뒤를 새롭게 배치할 필요는 없는가?
- 글 전체의 분량은 물론 각 항목의 분량이 적절하며 균형이 잡혀 있는가? 두 항목을 통합하거나 세분화할 필요는 없는가?
- 글의 크고 작은 제목이 적절한가? 전체 제목을 훑어보았을 때 지나치게 무겁거나 딱딱하지는 않은가? 너무 가볍거나 선정적이지는 않은가?

② 문단별로 다시 살피기

- 각 문단의 소주제가 글 전체의 주제를 드러내는 데 효과적인가?
- 각 문단의 소주제는 부족함 없이 충분히 전개되었는가?
- 문단과 문단의 연결은 긴밀한가? 각 문단이 가진 소주제들이 유기적인 관련을 맺으며 논지가 전개되고 있으며, 그 연계성이 글 전체의 주제를 잘 드러내고 있는가?
- 하나의 문단 속에서는 하나의 논점만을 다루었는가?

③ 문장별로 다시 살피기

- 문장을 소리 내어 읽어봤을 때, 흐름이 부자연스러운 곳이나 문법에 어긋난 곳(비문)은 없는가? 문장의 리듬이 적절한가? 호흡이 너무 길어 숨이 차거나 툭툭 끊기는 대목은 없는가? 첫 문장은 매력

적인가?

- 문장의 길이가 지나치게 길거나 구조가 복잡한 곳은 없는가? 뜻이 모호하거나 중의적으로 해석될 가능성이 있는 곳은 없는가?
- 한글맞춤법과 외래어 표기법에 어긋난 표현은 없는가? 어휘 선택은 적절한가?
- 숫자와 고유명사는 정확한가? 한자를 잘못 표기(변환)한 것은 없는가?
- 채팅 언어, 은어, 이모티콘, 외계어 등이 사용되지는 않았는가? 문장 부호는 바르게 사용했는가?
- 문장의 스타일은 어떠한가? 각 문장의 처음과 끝에서 같은 어휘가 반복되지는 않았는가?
- 잘못 사용된 어휘는 없는가? 의미상 부적절한 단어, 어려운 한자어, 잘못 사용된 외국어나 외래어는 없는가?
- 문장 부호의 사용은 적절한가? 띄어쓰기가 바르게 되어 있는가? (아래아 한글 프로그램에 자동맞춤법 기능이 있으나 완벽하지는 않으므로, 관련 규정을 숙지함으로써 스스로 능력을 길러서 대처할 수 있어야 함.)
- 주장에 대한 논증과 예시는 적절한가? 앞뒤로 모순되는 주장은 없는가?
- 자료의 인용은 정확한가? 각주는 제대로 처리했으며, 참고문헌란은 완성했는가?

2) 독자의 시각에서 살피기

- 일반 독자가 이해하기 어려운 어휘나 전문용어는 없는가?

- 자신의 개인적인 이야기를 지나치게 장황하게 늘어놓지는 않았는가?
- 독자가 궁금하게 여길 점은 없는가?
- 주위 사람들에게 읽혀도 문제점이 발견되지 않는가?
- 시각적으로 깔끔하고 단정하게 편집되었는가? 글자의 모양, 크기, 굵기, 문단 모양, 줄 간격, 여백 주기 따위는 적절한가?

이상의 내용으로 검토하여 수정한 후에는 반드시 출력해서 봐야 합니다. 화면으로 볼 때는 멀쩡한데 출력해서 보면 다른 경우가 있으니 꼭 인쇄하여 확인해야 합니다. 호흡과 리듬이 자연스러운지 판단하기 위해서는 소리를 내 읽어봐야만 합니다.

기독교 예식 예문

1. 약혼예식[1]

(1) 예식사 /집례자

지금부터 ○○○군과 ○○○양의 약혼예식을 시작합니다. 두 사람의 앞날에 하나님의 크신 복이 임하기를 기원하며, 경건하고 진지한 마음으로 참여해주시기 바랍니다.

(2) 찬송(333장(통 433장) 눈을 들어 산을 보니) /다함께

(3) 기도 /집례자

인생을 주관하시는 하나님 아버지,
오늘 하나님과 여러 가족, 친지들 앞에서
○○○군과 ○○○양의 약혼예식을 행하게 하심을 감사합니다.
이 두 사람을 세상에 보내 주시고 오늘에 이르기까지
주님의 은총과 사랑으로 성장하게 하시니 감사합니다.

---

1 예문연구위원회, 『예문(개정판)』(도서출판kmc, 2017), 80-85.

이제 주님을 뜻을 따라 두 사람의 결혼을 약속하는 이 자리에
하나님께서 함께하셔서,
복과 은혜를 내려주시기를 원합니다.
이들의 약속이 주님의 인도하심으로 변치 않게 하시며,
앞으로 결혼할 때까지
서로에 대한 사랑과 믿음이 더욱 깊어지게 하셔서
주님의 은총 가운데 복된 결혼으로 이어지게 하옵소서.
우리 주 예수 그리스도의 이름으로 기도합니다. 아멘.

(4) 성경(고린도전서 13:1-7) /집례자

(5) 권면의 말씀 /집례자

(6) 약혼 서약 /약혼 당사자

(집례자가 양가 부모에게 약혼 허락 여부를 물은 다음, 약혼 당사자에게는 약혼서약을 하게 한다. 집례자의 질문에 대하여 상황에 맞게 응답하게 할 수 있다.)

(집례자) 이제 하나님과 여러 증인들 앞에서 서약 문답을 합니다. 진실한 마음으로 대답하시기 바랍니다.

양가 부모에게

(집례자) 먼저 양가 부모에게 묻습니다. 오늘 이 두 사람의 약혼이 하나님의 뜻임을 믿으며, 기쁜 마음으로 허락하십니까?

양가 부모: 예.

약혼하는 남녀에게

(집례자) 당사자인 두 사람에게 묻습니다. ○○○군과 ○○○양은 오늘 이 약혼이 하나님의 섭리 안에서 이루어진 것임을 믿으며, 감사하는 마음으로 서약합니까?

(약혼자) 예.

(집례자) ○○○군과 ○○○양, 두 사람이 결혼할 것을 약속하고, 결혼하는 그날까지 신실한 그리스도인으로서 서로 예의를 지키며 교제하기로 서약합니까?

(약혼자) 예.

(7) 약혼 감사(또는 축복)기도 /집례자

세상만물을 지으시고 다스리시는 하나님 아버지,
오늘 ○○○군과 ○○○양이
하나님의 섭리 안에서 약혼하게 하심을 감사합니다.
이 두 사람이 결혼하기까지 서로 사랑과 존경으로 대하게 하시며,
섬김과 배려의 마음을 배워가도록 인도하옵소서.
앞으로 주님의 은혜로 저들을 지켜 주사
하나님의 인도하심 가운데 신앙생활에 최선을 다하여
행복한 믿음의 가정을 이루게 하옵소서.
또한 지금까지 이 두 사람을 희생으로 키워주신
양가의 부모와 가족들에게
주님의 사랑으로 함께 해주시기를 원하오며,
그 모든 삶에 주님의 은혜와 복으로 채워주옵소서.

가정을 세우시고 복 주시는

예수 그리스도의 이름으로 기도합니다. 아멘.

(8) 예물 교환 /약혼 당사자

(9) 약혼 공포 /집례자

(약혼 당사자들이 성경 위에 각각 한 손씩 얹게 하고 공포한다.)

○○○군과 ○○○양이

오늘 하나님과 여러 증인들 앞에서

피차 굳은 서약을 하고 약혼하였음을

성부와 성자와 성령의 이름으로 공포합니다. 아멘.

(10) 소개 /집례자 혹은 친구

(약혼하는 남녀를 간단히 소개한다.)

(11) 축가 /맡은이

(상황에 따라 생략할 수 있다.)

(12) 인사와 알리는 말씀 /가족 중

(13) 찬송(384장[통 434장] 나의 갈 길 다 가도록) /다함께

(14) 축도 /맡은이

(예식 후 축하 순서에는 양가 가족 소개, 축하 케이크 절단, 약혼 당사자들의 다짐 낭송, 간단한 음식을 함께 나누는 친교시간을 가질 수 있다.)

2. 결혼예식[2]

(1) 입장

(2) 예식사 /집례자

우리 주 예수 그리스도의 은혜와 하나님의 사랑과 성령의 교통하심이 여러분 위에 함께하시기를 바랍니다. 결혼은 하나님의 섭리 안에서 베풀어주시는 귀한 선물이며, 예수님께서도 가나의 혼인잔치에서 축복해주신 일입니다.

오늘 결혼하는 신랑신부 두 사람이 믿음과 사랑 안에서 천국생활을 이루어 행복하게 살기를 기원하면서 결혼예식을 시작합니다.

하객 여러분께서는 두 사람의 결혼을 신성하게 여겨, 경건한 마음으로 이 예식에 참여해주시기 바랍니다.

(3) 찬송(605장[통 287장] 오늘 모여 찬송함은) /다함께

(4) 결혼 의사 확인 /집례자

2 위의 책, 86-94.

회중에게

(집례자) 두 사람을 하나로 맺어주는 이 거룩한 예식의 증인이 된 여러분에게 묻습니다. 만일 여러분 중에 혹시 이 두 사람이 합법적으로 결혼할 수 없는 이유가 있다면 지금 말씀해주시기 바랍니다.

(잠시 시간이 흐른 뒤에, 회중에게 다시 묻는다.)

이의가 없으신 줄로 알고 이제 다시 묻겠습니다. 여러분은 이 두 사람이 결혼하여 한 가정을 이루게 되는 것을 기쁜 마음으로 받아들이시겠습니까?

(회중) 예. (혹은 "예, 받아들입니다"로 대답한다.)

신랑신부에게

(집례자) 이제 신랑과 신부에게 묻습니다. 신랑 ○○○군과 신부 ○○○양은 서로 아내와 남편으로 맞아 서로 사랑하고 위로하며, 존경하고 지켜주는 가운데 성실하게 살아갈 것을 약속하시겠습니까?

(신랑·신부) 예. (혹은 "예, 약속합니다"로 대답한다.)

양가 부모에게

(집례자) 이제 양가의 부모와 어른들에게 묻습니다. 여러분은 새로 태어나는 이 가정을 기쁨으로 받아들이고, 축복하시겠습니까?

(양가 부모) 예. (혹은 "예, 축복합니다"로 대답한다.)

(5) 기도 /집례자 혹은 맡은이

(맡은이가 기도할 경우에는 상황에 따라 자유롭게 준비하여 기도하는 것이 좋다.)

사랑과 은혜의 하나님 아버지,

신랑 ○○○군과 신부 ○○○양이 오늘의 결혼에 이르기까지

은혜와 사랑으로 인도해주셔서 감사합니다.

이 시간 두 사람이 하나님과 여러 증인들 앞에서

거룩한 결혼예식을 행하여 부부가 되고자 하오니

서로 진실한 마음으로 서약하여, 신성한 가정을 이루게 하옵소서.

하나님의 은혜가 신랑신부에게 차고 넘침으로

행복한 가정을 이루게 하옵소서.

또한 우리 모두 가정을 통해 주시는 주님의 교훈을 깨닫게 하여주옵소서.

이 예식이 성령이 임재하시는 가운데 진행되기를 간절히 원하오며,

우리 주 예수 그리스도의 이름으로 기도합니다. 아멘.

(6) 성경봉독(마가복음 10:6-9) /집례자

(참고: 에베소서 5:22-33)

(7) 권면의 말씀 /집례자

(8) 혼인 서약 /신랑신부

(집례자) 우리의 마음을 살피시는 하나님 앞과 여러 증인들 앞에서 이제 신랑신부 두 사람이 혼인서약을 맺고자 합니다. 신랑신부 두 사람은 명확한 음성으로 서약하시기 바랍니다.

(미리 준비된 서약서를 신랑, 신부에게 주어서 읽게 한다.)

(신랑) 나 ○○○는(은) 그대 ○○○를(을) 아내로 맞아 이제부터 평생토록 즐거우나 괴로우나 부할 때나 가난할 때나, 병들거나 건강하거나, 어떤 환경 중에서라도 그대를 귀중히 여기고 사랑하며, 하나님의 거룩한 명령에 따라 죽음이 우리를 나눌 때까지, 이 약속을 지키기로 하나님 앞과 여러 증인들 앞에서 서약합니다.

(신부) 나 ○○○는(은) 그대 ○○○를(을) 남편으로 맞아 이제부터 평생토록 즐거우나 괴로우나 부할 때나 가난할 때나, 병들거나 건강하거나, 어떤 환경 중에서라도 그대를 귀중히 여기고 사랑하며, 하나님의 거룩한 명령에 따라 죽음이 우리를 나눌 때까지, 이 약속을 지키기로 하나님 앞과 여러 증인들 앞에서 서약합니다.

(9) 예물 교환 /신랑신부

(결혼반지를 교환하는 경우에는 먼저 집례자가 반지를 받아 들고 다음과 같이 말한다.)

(집례자) 결혼반지는 신랑과 신부가 하나님의 은총 안에서 결혼을 통해 하나가 되었음을 보여 주는 거룩한 징표입니다. 하나님의 신령한 은혜가 이 반지 위에 임하도록 다함께 기도합시다.

(반지를 들고)

하나님 아버지, 이 반지를 성별하옵소서.
이 반지를 간직할 이들이
주님의 평강과 사랑 안에 머물게 하시고,
하나님이 맺어주신 가정을
소중히 지켜가도록 인도하옵소서.

예수 그리스도의 이름으로 기도합니다. 아멘.

(신랑) (집례자에게 반지를 받아 신부의 왼손 무명지에 끼워주며, 준비된 서식에 따라 다음과 같이 크게 말한다.) 오늘 우리가 맺은 결혼 서약의 증거와 영원한 사랑의 징표로서 이 반지를 신부 ○○○에게 드립니다. 아멘.

(신부) (집례자에게 반지를 받아 신랑의 왼손 무명지에 끼워주며, 준비된 서식에 따라 다음과 같이 크게 말한다.) 오늘 우리가 맺은 결혼 서약의 증거와 영원한 사랑의 징표로서 이 반지를 신랑 ○○○에게 드립니다. 아멘.

(10) 결혼 감사(또는 축복)기도 /집례자

사랑이 충만하신 하나님 아버지,
하나님의 섭리와 은혜 안에서 이 두 사람이 혼인 예식을 행하여
부부가 되게 하시니 감사합니다.
이들이 오늘 하나님 앞에서 맺은 서약을 신실하게 지키고,
서로 사랑하고 섬김으로
복되고 평화로운 가정을 이루게 하옵소서.
사랑의 주님,
지금까지 두 사람을 희생으로 키워주신
양가의 부모와 가족들을 돌봐주시기를 원합니다.
이제 새 가정을 이룬 두 사람이 신실한 믿음으로
신앙생활에 최선을 다하게 하시며,
가정의 천국을 이루어 항상 하나님께 영광을 돌리게 하옵소서.
또한 주님의 몸 된 교회 안에서 말씀과 성령으로 양육 받아
그리스도의 제자 된 사명을 잘 감당하게 하옵소서.

이제 이 두 사람이 한 가정을 이루어 사회의 일원이 되었사오니,

나라에 대한 의무와 사회적 책임을 성실히 감당하여

이웃에게 유익을 끼치는 가정이 되게 하옵소서.

우리 주 예수 그리스도의 이름으로 기도합니다. 아멘.

(11) 성혼 공포 /집례자

(신랑신부가 각각 한 손을 성경 위에 얹게 한 후 공포한다.)

신랑 ○○○군과 신부 ○○○양이

오늘 하나님 앞과 여러 증인들 앞에서

거룩한 결혼예식을 행하여

영원히 변하지 않는 성경 위에 손을 얹어

피차 엄숙히 서약하였으니

내가 성부와 성자와 성령의 이름으로

이 두 사람이 부부가 되었음을 공포합니다.

무릇 하나님이 짝지어 주신 것을 사람이 나누지 못할지니라. 아멘.

(12) 축혼가 /맡은이

(주례목사가 혼인증서를 준비해뒀다가 이 시간에 주든지 또는 식후에 주든지 한다.)

(13) 인사와 알리는 말씀 /맡은이

(14) 찬송(1장[통 1장] 만복의 근원 하나님) /다함께

(신랑 신부가 회중을 향해 인사한다.)

(15) 축도 /집례자

(16) 신랑신부 인사 /신랑신부

(신랑신부는 맞절을 한 후, 양가 부모와 회중에게 인사한다. 회중에게 인사할 때에는 양가 부모도 함께 인사한다.)

(17) 신랑신부 새출발 /신랑신부

(신랑신부가 양가 부모와 함께 행진할 때에, 회중은 축하의 뜻으로 일어서서 박수친다.)

3. 장례예식[3]

(상주, 가족, 친척, 조객들은 관을 향해 앉거나 서게 한 후, 집례자는 관 앞 적당한 자리에서 집례한다. 교회 직분이 없는 고령자에게는 어른, 선생님, 여사, 할아버지, 할머니 등 적절한 호칭을 사용한다.)

(1) 예식사 /집례자

지금부터 고(故) ○○○씨(장로, 권사, 집사, 성도)의 장례식을 시작합니다. 여러분께서는 예식이 엄숙하게 진행되도록 협조해주시기를 바랍니다.

---

3 위의 책, 131-137

(2) 기원 다함께

그러나 이제 그리스도께서 죽은 자 가운데서 다시 살아나사 잠자는 자들의 첫 열매가 되셨도다. 사망이 한 사람으로 말미암았으니 죽은 자의 부활도 한 사람으로 말미암는도다. 아담 안에서 모든 사람이 죽은 것 같이 그리스도 안에서 모든 사람이 삶을 얻으리라(고린도전서 15:20-22).

생명을 창조하시고 인생을 주관하시는 하나님 아버지,
우리가 오늘의 예식을 통하여
인생에게 주시는 하나님의 교훈을 깨닫게 되기를 간절히 원합니다.
우리의 심령을 선하신 하나님께 맡기오니
위로하여주시고, 영원한 소망을 허락하여주옵소서.
인간의 생사화복을 주관하시는
예수 그리스도의 이름으로 기원합니다. 아멘.

(3) 찬송(606장[통 291장] 해보다 더 밝은 저 천국) /다함께

(4) 교독(교독문 78번[통 46번])

(집례자) 너희는 마음에 근심하지 말라. 하나님을 믿으니 또 나를 믿으라.

(회중) 내 아버지 집에 거할 곳이 많도다. 그렇지 않으면 너희에게 일렀으리라.

(집례자) 내가 너희를 위하여 거처를 예비하러 가노니 가서 너희를 위하여 거처를 예비하면

(회중) 내가 다시 와서 너희를 내게로 영접하여 나 있는 곳에 너희도 있게 하리라.

(집례자) 내가 어디로 가는지 그 길을 너희가 아느니라.

(회중) 도마가 이르되 '주여! 주께서 어디로 가시는지 우리가 알지 못하거늘 그 길을 어찌 알겠사옵나이까?'

(집례자) 예수께서 이르시되 '내가 곧 길이요 진리요 생명이니

(회중) 나로 말미암지 않고는 아버지께로 올 자가 없느니라.'

(5) 기도

인간과 만물을 창조하시고
생사화복을 주관하시는 하나님 아버지,
고(故) ○○○씨(장로, 권사, 집사, 성도)의 장례예식에 참여하여
슬픈 마음으로 하나님 앞에 머리 숙인 우리에게
하나님의 크신 위로와 은총을 베풀어주시기를 원합니다.
우리가 이 예식을 통하여 영원한 천국을 바라보게 하시고,
하나님의 엄숙한 교훈을 깨달아
죄를 뉘우치며 굳건한 믿음을 갖게 하여주옵소서.
특별히 슬픔을 당한 유족들에게 성령께서 함께하여주셔서,
위로와 소망을 충만하게 하옵소서.

(고인이 신자인 경우 아래 내용을 첨부한다.)

주님, 고(故) ○○○씨(장로, 권사, 집사, 성도)가 이 세상에 있을 때에
예수 그리스도를 믿어 구원받게 하심을 감사합니다.

우리도 인생의 달려갈 길을 마치고,

믿음의 선한 싸움을 다 하였을 때,

하나님 나라의 유업을 얻게 하여주옵소서.

우리를 죄와 죽음에서 구원하시는

예수 그리스도의 이름으로 기도합니다. 아멘.

(6) 성경봉독(요한계시록 21:1-7) /맡은이

(참고: 요한복음 11:25-26; 고린도전서 15:42-44; 데살로니가전서 4:13-18; 디모데후서 4:7-8; 베드로전서 1:24-25; 요한계시록 22:1-5; 시편 23:1-6; 시편 27:1, 3-5, 13-14; 90:1-6, 12, 16-17; 121:1-8)

(7) 조가 /맡은이

(찬송가나 복음송 중에서 장례에 적당한 노래를 부른다.)

(8) 약력 소개 /맡은이

(상황에 따라 생략할 수도 있다.)

(9) 말씀선포

(10) 기도 /집례자

은혜와 사랑으로 우리를 구원해주시는 하나님 아버지,

이제 육신의 삶을 끝내고 주님의 부르심을 받은

고(故) ○○○씨(장로, 권사, 집사, 성도)를 긍휼히 여기시옵소서.

그가 예수 그리스도의 대속의 은혜로

하나님의 보좌 앞에 담대히 서게 하여주사,

눈물도, 죽음도, 생존경쟁도 없는 하나님 나라에서

영원히 살게 하옵소서.

믿는 자의 소망이 되시는 주님,

어리석은 우리가 일생을 살아가면서

하나님의 높고 크신 섭리를 다 깨닫지 못하지만,

흔들리지 않는 영생의 소망으로,

이 땅에서의 유혹과 환난을 이겨 내며,

끝까지 믿음을 지키게 하여주옵소서.

(고인이 신자인 경우 아래 내용을 첨부한다.)

고(故) ○○○씨(장로, 권사, 집사, 성도)가 이 땅에 사는 동안

믿음으로 살게 하심을 감사합니다.

이제 우리도 믿음생활에 최선을 다하다가

하나님의 부르심을 받게 될 때에,

고인과 천국에서 다시 만나 함께 살아가며,

영원한 하나님 나라의 유업을 받게 하여주옵소서.

우리의 소망이 되시는

예수 그리스도의 이름으로 기도합니다. 아멘.

(11) 인사와 광고 /호상(또는 장례위원장)

(12) 찬송(493장[통 545장] 하늘 가는 밝은 길이) /다함께

(참고: 245장[통 228장], 239장[통 230장])

(13) 축도(혹은 주님의 기도) /집례자(다같이)

(집례자가 목사가 아닐 경우에 주님의 기도로 마친다.)

(14) 헌화와 출관 / 다함께

(정한 순서대로 헌화한 후, 관을 운구하여 장지로 출발한다. 운구 행렬은 집례자가 선두에 서고, 그 뒤에 영정과 관, 상주와 유족, 조문객 순으로 한다. 이 행렬 중에 찬송가 491장[통 543장, 저 높은 곳을 향하여], 493장[통 545장, 하늘 가는 밝은 길이] 등 '소망'에 관련된 찬송을 부르면서 행진한다.)

4. 어린이 장례예식[4]

(1) 예식사 /집례자

지금부터 ○○○ 어린이의 장례예식을 시작합니다. 여러분께서는 이 예식이 엄숙하게 진행되도록 협조해주시기를 바랍니다.

---

4 위의 책, 155-159.

(2) 기원 /다함께

진실로 너희에게 이르노니 너희가 돌이켜 어린 아이들과 같이 되지 아니하면 결단코 천국에 들어가지 못하리라. 그러므로 누구든지 이 어린 아이와 같이 자기를 낮추는 사람이 천국에서 큰 자니라(마태복음 18:3-4).

생명을 창조하시고 인생을 주관하시는 하나님 아버지,
주님께서 사랑하시는 ○○○ 어린이가
하나님에게서 이 세상에 왔다가,
다시 하나님께로 돌아갔습니다.
우리가 이 예식을 통하여 하나님의 깊은 뜻을 깨닫게 되기를 원합니다.
이 시간 유족들의 심령을 주님께 맡기오니,
위로하여주시고 영원한 소망으로 채워주옵소서.
우리 주 예수 그리스도의 이름으로 기원합니다. 아멘.

(3) 찬송(606장(통 291장) 해보다 더 밝은 저 천국) /다함께

(4) 기도 /맡은이

어린이를 사랑하시고 축복하신 주님,
사랑하는 ○○○의 죽음으로 인하여
애통하는 가족을 위로하여주시기를 원합니다.
성령께서 가족의 슬픔 속에 함께하셔서,
낙심하거나 시험에 빠지지 않게 하시고,
어려움 속에서도 주님의 뜻을 헤아리는 믿음을 허락하옵소서.

사랑하는 ○○○ 어린이가 다시는 슬픔과 아픔이 없고,
질병과 사고가 없는 하나님 나라에서 주님의 품에 안겨
더욱 편안하고 복된 삶을 살게 될 줄로 믿습니다.
우리가 지금은 사별의 의미를 모두 깨달을 수 없지만,
생명의 주인이 되시는 하나님의 선한 뜻이 있음을 믿고
서로 격려하며 위로받게 하옵소서.
절망 중에 소망으로 인도하시는
예수 그리스도의 이름으로 기도합니다. 아멘.

(5) 성경봉독(시편 103:15-18) **/맡은이**

(참고: 욥기 1:20-22; 마태복음 18:10; 마가복음 10:13-16)

(6) 말씀선포 /집례자

(7) 기도 /집례자

인생의 생사화복을 주관하시는 하나님 아버지,
사랑하는 자녀를 잃고 슬퍼하는 유족들을 위로하옵소서.
이 시간 우리는 무어라 위로하고 권면할 수 없사오나,
하나님께서 신령한 은혜와 참된 소망으로 위로하여주시기를 원합니다.
우리의 생각으로는 더 오랫동안 함께 살고 싶었지만,
이제 이 어린이는 우리의 곁을 떠나 주님께로 갔습니다.
사별의 괴로움으로 슬퍼하는 유족들에게
합력하여 선을 이루시는 주님의 섭리를 받아들이게 하시고,

믿음과 소망으로 살아갈 수 있도록 인도하옵소서.

또한 이 장례에 참여한 우리 모두 먼저 간 ○○○ 어린이와

천국에서 다시 만나 영원히 함께 살 날을 소망하면서,

믿음생활에 최선을 다하게 하여주옵소서.

우리 주 예수 그리스도의 이름으로 기도합니다. 아멘.

(8) 찬송(491장[통 543장] 저 높은 곳을 향하여) /다함께

(9) 축도(혹은 주님의 기도) /집례자(다같이)

(집례자가 목사가 아닐 경우에 주님의 기도로 마친다.)

(10) 출관과 운구 /장지로

5. 추모예식[5]

(상 위에 사진을 올려놓고 촛불이나 꽃으로 장식한다. 가족과 성도는 그앞에 둘러앉고, 인도자는 상 옆에 앉거나 선다. 직분이 없는 고령자에게는 어른, 선생님, 할아버지, 할머니 등 적절한 호칭을 사용한다. 첫 추모예식은 담임교역자가 인도하면 좋을 것이다.)

---

5 위의 책, 175-179.

(1) 예식사 /인도자

고(故) ○○○씨(장로, 권사, 집사, 성도)의 ○○주기 추모일을 맞이하여, 추모 예식을 시작합니다.

(2) 조용한 기도(요한복음 14:1-6) /다함께

(3) 찬송(488장[통 539장] 이 몸의 소망 무언가) /다함께

(4) 기도 /맡은이

영원부터 영원까지 살아계셔서
인간의 생사화복을 주관하시는 하나님 아버지,
오늘은 우리의 ○○○ (아버님, 어머님 등 경우에 따라 기타 호칭을 사용),
고(故) ○○○씨(장로, 권사, 집사, 성도)를 하나님께서 불러 가신 날을 맞아
그날을 기억하고 추모하기 위하여 가족이 함께 모였습니다.
이 시간 우리를 불쌍히 여겨주사,
주님의 위로와 평강으로 채워주시기를 원합니다.
자비로우신 주님, 연약한 우리가 하나님과 사람 앞에서 부족했던
모든 허물을 용서하여주옵소서. (또한 우리가 육신의 부모님에게 잘못했던 일들이 많았음을 기억하며 회개하오니 용서하여주옵소서.)
이제 우리의 가족들을 더욱 굳센 믿음으로 세워주셔서,
주님의 뜻을 청종하는 믿음의 가정으로 인도하여주옵소서.

(고인이 신자였던 경우에 추가한다.)

고(故) ○○○씨(장로, 권사, 집사, 성도)가

이 세상에서 믿음생활하시다가 하나님의 부르심을 받은 것처럼,

우리도 믿음생활에 최선을 다하다가,

주님의 나라에서 고인을 다시 만날 수 있게 하옵소서.

이 시간 모든 순서를 성령께서 인도하여주사,

하나님께는 영광을 돌리고

우리는 새로운 은혜와 복을 받는 시간이 되게 하여주옵소서.

영원한 소망을 주시는

예수 그리스도의 이름으로 기도합니다. 아멘.

(5) 성경봉독(열왕기상 2:1-3) /맡은이

(참고: 잠언 3:1-3; 시편 90:1-6)

(6) 약력 소개 /맡은이

(세상을 떠난 분의 약력, 행적, 유훈, 성품, 그에 대한 인상 깊었던 일들을 가족이나 친지 중에 맡은이가 한다.)

(7) 말씀선포 /인도자

(8) 기도 /인도자

우리의 삶을 주관하시는 하나님 아버지,

우리는 죽음에서 멀지 않은 인생들이면서도

현재만 바라보고 미래를 볼 줄 모르는 어리석은 삶을 살아왔습니다.

그러나 이 시간 영원한 하나님의 나라가 있음을

주님의 말씀을 통하여 깨닫게 하시니 감사합니다.

이제는 고인의 신앙의 유산을 이어받아

주님의 부르심을 받는 그 순간까지 믿음생활에 최선을 다하며

하나님 앞에 충성된 종으로 살아가게 하여주옵소서.

우리가 영원한 세계를 바라보게 하시며,

항상 소망 중에 즐거워하며 모든 시험과 시련을 이기고

영생에 이를 수 있도록 인도하여 주옵소서.

우리 가정에 하나님의 은혜와 복을 내려주사,

후손들이 영원한 하나님의 기업을 얻게 하옵소서.

우리에게 영생을 주시는

예수 그리스도의 이름으로 기도합니다. 아멘.

(9) 찬송(489장(통 541장) 저 요단강 건너편에 찬란하게) /다함께

(10) 축도(혹은 주님의 기도) /인도자(다같이)

(인도자가 목사가 아닐 경우에 주님의 기도로 마친다.)

6. 명절 추도예식[6]

(부모님 기일에 고인의 사진이 있으면 상 위에 놓고 촛불이나 꽃으로 장식한다. 가족과 교우들이 그 앞에 둘러앉고 주례자는 상 옆에 앉거나 서서 주례한다. 교회 직분이 없는 고령자에게는 어른, 선생님, 여사, 할아버지, 할머니 등 적절한 칭호를 사용한다.)

(1) 예식사 /인도자

오늘 우리 민족의 고유 명절인 설날(혹은 추석)을 맞이하여, 먼저 하나님의 부르심을 받아 하늘나라에 가신 부모님을 추모하는 마음으로 추도예식을 시작합니다.

(2) 조용한 기도(잠언 3:1-4) /인도자

(3) 찬송(559장[통 305장] 사철에 봄바람 불어 잇고) /다함께

(4) 기도 /가족 중

(경우와 상황에 따라 기도의 내용을 추가해도 좋을 것이다.)

사랑과 은혜가 충만하신 하나님 아버지,
우리를 주님의 구원받은 백성으로 선택하여주시고,
변함없는 사랑으로 인도하여 주심을 감사합니다.
우리 민족의 고유명절인 설날(혹은 추석)을 맞이하여,

---

6 위의 책, 181-185.

추도예식을 거행하오니 주님의 은총을 베풀어주옵소서.

이 시간 부모님의 은덕과 뜻을 기억하며 추모하는 시간이 되게 하시고,

온 가족이 믿음 안에서 하나가 되는 시간이 되게 하여주옵소서.

(부모님이 신자일 경우에 추가한다.)

부모님께서 우리를 낳으시고 믿음과 기도로 키워주셨듯이,

우리도 자녀들에게 믿음의 유산을 물려주어,

자손만대에 하나님의 복을 누리는 가정이 되게 하여 주옵소서.

또한 이 예식 위에 성령께서 함께하여주사,

우리가 하나님 나라에 대한 소망을 확신하는 시간이 되게 하여주옵소서.

우리 주 예수 그리스도의 이름으로 기도합니다. 아멘.

(5) 성경봉독(디모데후서 1:3-5) /인도자

(참고: 신명기 6:6-9)

(6) 추모사 /인도자

(고인의 유언, 유훈[음성], 유품, 행적을 회고하면서 서로 교훈을 나눈다.)

(7) 말씀선포 /인도자

(8) 기도 /인도자

은혜와 사랑이 풍성하신 하나님 아버지,
우리에게 은혜를 내려주사,
가족과 함께 명절의 기쁨을 나누게 하시니 감사합니다.
온 가족이 하나님만을 경외하고 말씀을 청종하여,
손이 수고한 대로 먹게 하시며,
가정의 평안과 자손의 복을 누리게 하여주옵소서.
특별히 우리보다 먼저 하나님의 부르심을 받은
부모님의 신앙의 유산을 이어받아,
우리도 부르심을 받는 그 순간까지 믿음생활에 최선을 다하며
하나님 앞에 충성된 종으로 살아가게 하여주옵소서.
"심은 대로 거두리라"는 말씀대로,
우리의 삶이 육체를 위하여 심지 않고,
성령을 위하여 심게 하사 영생을 거두는 삶이 되게 하옵소서.
또한 이 명절에 하나님의 창조하신 자연의 섭리를 깨닫고,
아름다운 믿음의 열매를 충만히 맺게 하옵소서.
그리고 더 나아가 우리 이웃들에게 믿음의 모범을 보임으로
그들을 주님께로 인도하는 가정이 되게 하여주옵소서.
우리 주 예수 그리스도의 이름으로 기도합니다. 아멘.

(9) 찬송(384장[통 434장] 나의 갈 길 다 가도록) /다함께

(10) 주님의 기도 /다함께

참고문헌

MBC아나운서국우리말팀, 『우리말 나들이』(시대의창, 2005).
권오문, 『이것만 알면 바른글이 보인다』(생각하는백성, 1997).
예문연구위원회, 『예문(개정판)』(도서출판kmc, 2017).
김광수, 『논리와 비판적 사고』(철학과현실사, 2007).
김봉군, 『문장기술론(제6판)』(삼영사, 2005).
김석한, 『교회용어 바로 쓰기』(영문, 2003).
김세중 외, 『말이 올라야 나라가 오른다』(한겨레, 2004).
김영안 외, 『한국교회, 개혁의 길을 묻다』(새물결플러스, 2013).
나채운, 『우리말 101가지 바로잡기』(경진, 2009).
노필승 외, 『우리말 글 바로쓰기 1, 2』(꾁사요, 2004).
대한예수교장로회총회교육부, 『변경된 새로운 기독교 용어』(한국장로교출판사, 2003).
리의도, 『올바른 우리말 사용법』(예담, 2005).
리의도, 『이야기 한글 맞춤법(다듬판)』(석필, 2005).
리의도, 『말을 잘하고 글을 잘 쓰려면 꼭 알아야 할 것들』(석필, 1997).
민영진, 『성경 바로 읽기』(대한기독교서회, 1999).
민영진, 『바이블 FAQ』(대한기독교서회, 2006).
박갑수, 『우리말 바로 써야 한다 1, 2, 3』(집문당, 1991, 1996, 1997).
박숙희·유동숙 편저, 『우리말 나이 사전』(책이있는마을, 2005).
박윤우·엄태수·이복규·조정래, 『(이공 자연계를 위한) 발표토론과 글쓰기』(북스힐, 2013).
서정수, 『문장력 향상의 길잡이』(한강문화사, 1991).
서정수, 『논리적인 글쓰기 설명문과 논술문』(정음문화사, 1998).
손석춘·김기석, 『기자와 목사, 두 바보 이야기』(꽃자리, 2012).
오동환, 『우리말 죽이기 우리말 살리기』(세시, 2002).
옥성득, 『다시 쓰는 초대 한국교회사』(새물결플러스, 2016).

옥성득, 『한국 기독교 형성사』(새물결플러스, 2020).
원진숙, 『논술 교육론』(박이정, 1995).
윤석준, 『한국 교회가 잘못 알고 있는 101가지 성경 이야기 1, 2』(부흥과개혁사, 2010, 2011).
이대규, 『수사학: 독서와 작문의 이론(제2판)』(신구문화사, 1998).
이복규, "교회에서 쓰는 말들의 문제점", 「산불」22(산성감리교회학생회, 1993).
이송관·김기창, 『교회에서 쓰는 말 바로 알고 바로 쓰자(합본개정판)』(예찬사, 2000).
이오덕, 『우리글 바로쓰기 1』(한길사, 2014).
이오덕, 『우리글 바로쓰기 2』(한길사, 2013).
이오덕, 『우리글 바로쓰기 3』(한길사, 2014).
이오덕, 『우리글 바로쓰기 4』(한길사, 2013).
이오덕, 『우리글 바로쓰기 5』(한길사, 2014).
이오덕, 『우리 문장 쓰기』(한길사, 1992).
이진원, 『우리말에 대한 예의』(서해문집, 2005).
인명진, 『한국교회를 새롭게』(대한기독교서회, 2010).
임창호, 『잘못씌는 말 바로쓰기』(집문당, 2003).
정장복, 『그것은 이것입니다』(WPA, 2009).
정장복, 『예배학개론(수정증보판)』(예배와설교아카데미, 1999).
정희모·이재성, 『글쓰기의 전략』(들녘, 2005).
조영엽, 『사도신경 변호』(큰샘출판사, 2004).
중앙일보어문연구소, 『한국어가 있다 1, 2, 3, 4』(커뮤니케이션북스, 2005, 2005, 2005, 2006).
차정식, 『예수, 한국사회에 답하다』(새물결플러스, 2012).
최명환, 『글쓰기 원리 탐구』(지식산업사, 2011).
최운식 외, 『한국민속학개론』(민속원, 1998).
최태영, 『교회용어 이대로 좋은가』(카이로스, 2006).
최태영, 『교회용어 이렇게 바로잡습니다』(카이로스, 2010).
David Martyn LIoyd-Jones, *Studies in the Sermon on the Mount*, 문창수 역, 『산상설교집 상·하』(정경사, 1999).
James M. Freeman, *Manners and Customs of the Bible*, 남송현 역, 『성경 속의 생활풍속 따라

잡기(신약편)』(아가페, 1997).
James M. Freeman, *Manners and Customs of the Bible*, 남송현 역, 『성경 속의 생활풍속 따라 잡기(구약편)』(아가페, 1998).
Rudolf Karl Bultmann, *Die drei Johannesbriefe*, Martin Dibelius, *Die Pastoralbriefe*, 김득중 역, 『국제성서주석44: 요한서신·목회서신』(서울: 한국신학연구소, 1983).
山北 宣久, 『おもしろキリスト教』, 이재신 역, 『기독교 용어 Q&A 77』(한국기독교출판문화원, 2006).

김동규, "예수님 曰 '一點 一劃'의 문자적 의미", 「본헤럴드」(2018. 1. 22)
http://www.bonhd.net/news/articleView.html?idxno=4261.
http://www.choiws.kr(최운식의 우리이야기 한마당)
http://cafe.naver.com/bokforyou(이복규 교수의 교회용어·설교예화 카페)
http://www.newsnjoy.or.kr(뉴스앤조이)
http://www.bskorea.or.kr(대한성서공회)
https://stdict.korean.go.kr/main/main.do(국립국어원 표준국어대사전)

찾아보기

교회에서 쓰는 말 바로잡기

1쇄 발행 2020년 10월 21일

지은이 이복규
펴낸이 김요한
펴낸곳 새물결플러스

편 집 왕희광 정인철 노재현 한바울 정혜인
이형일 나유영 노동래 최호연
디자인 윤민주 황진주 박인미 이지윤
마케팅 박성민 이원혁
총 무 김명화 이성순
영 상 최정호 곽상원
아카데미 차상희

홈페이지 www.holywaveplus.com
이메일 hwpbooks@hwpbooks.com
출판등록 2008년 8월 21일 제2008-24호
주 소 (우) 04118 서울시 마포구 마포대로19길 33
전 화 02) 2652-3161
팩 스 02) 2652-3191

ISBN 979-11-6129-175-8 03230

책값은 뒤표지에 있습니다.

이 도서의 국립중앙도서관 출판예정도서목록(CIP)은 서지정보유통지원시스템 홈페이지(seoji.nl.go.kr)와 국가자료공동목록시스템(nl.go.kr/kolisnet)에서 이용하실 수 있습니다. CIP2020042526